本书获2015年贵州省
出版传媒事业发展专项资金资助

2011年度国家社科基金重大招标项目“清水江文书整理与研究”（11&ZD096）阶段性成果

2014年度贵州省民族古籍研究基地课题成果

清水江文书整理与研究丛书

# 加池四合院文书考释

## 卷一

王宗勋 考释

贵州出版集团
贵州民族出版社

**图书在版编目（CIP）数据**

加池四合院文书考释. 卷一 / 王宗勋考释. — 贵阳：贵州民族出版社，2015.11
（清水江文书整理与研究丛书）
ISBN 978-7-5412-2228-3

Ⅰ. ①加… Ⅱ. ①王… Ⅲ. ①契约－文书－研究－锦屏县 Ⅳ. ①D927.734.36

中国版本图书馆 CIP 数据核字(2015)第 160828 号

清水江文书整理与研究丛书
加池四合院文书考释　卷一
王宗勋　考释

---

出版发行　贵州民族出版社
地　　址　贵阳市观山湖区会展东路贵州出版集团大楼
邮　　编　550081
印　　刷　贵阳海印印刷有限公司
开　　本　787mm × 1092mm　1/16
字　　数　530 千字
印　　张　30.75
版　　次　2015 年 11 月第 1 版
印　　次　2015 年 11 月第 1 次
书　　号　ISBN 978-7-5412-2228-3
定　　价　90.00 元

# 出版前言

清水江是长江水系的重要支流，是沅江的主源之一，发源于贵州省都匀市谷江乡西北，主要流经贵州省都匀、麻江、凯里、黄平、台江、施秉、剑河、锦屏、天柱及湖南省会同、洪江、芷江等县（市），在湖南省洪江市黔城镇与 㵲水汇合，以下即为沅江，最后汇入“八百里洞庭”。清水江干流全长约460公里，流域面积1700余平方公里。

清水江一直是黔东地区和外界沟通的重要通道。明代，中央王朝即从这里采办大批“皇木”。清代中期，这里商贾云集，木材贸易繁盛一时。清水江流域也是苗族、侗族等民族聚居的地区之一，许多民族村寨至今保存着大量自明代中后期起至民国时期形成的关于土地、山林、木材、房屋等方面经济关系的契约，以及借贷、书信、诉讼、告示、账簿、族谱、碑刻等方面的文书。因首先在锦屏县发现，学术界、政界等开始称其为“锦屏文书”；后来清水江流域许多县市亦有大量发现，故而又称其为“清水江文书”。2010年，“锦屏文书”被列入《中国档案文献遗产名录》。国内外法学、经济学、历史学、人类学、民族学、林学等学术界普遍认为“清水江文书”具有极高的文献价值和学术价值，对其进行收集、整理、研究日甚一日。

在国家推动文化大发展大繁荣、抢救和保护各民族非物质文化遗产的盛世时代，贵州民族出版社分期分批组织编著和出版“清水江文书整理与研究丛书”。目的是将具有代表性和典型性的“清水江文书”原始记录以及关于“清水江文书”学术研究的成果，比较全面系统地呈献给读者，呈献给社会，呈献给未来。

本丛书按“点面”与“纵横”相结合的思路实施著述与出版工作。一是注重典型，对若干典型民族村寨收藏的“清水江文书”原件进行影印、整理、点校、注解。二是突出重点，对“清水江文书”中的林业契约文书、土地契约文书、典当契约文书、借贷文书、诉讼文书、古碑文等进行分类整理和研究。三是拓宽视野，从经济学、历史学、法学、民族学、人类学、生态学等学科，对“清水江文书”进行较为深入系统的学术研究。

本丛书的著述与出版，是一项较大的文化工程，不足之处在所难免，我们真诚地希望读者提出宝贵意见。

**“清水江文书整理与研究”丛书编辑组**

# 序

栾成显

黔东南与湘西接壤，本是云贵高原与中原腹地相连的一个过渡地带。这里峰峦叠翠，碧水蜿蜒，美丽的清水江贯穿其中。自古以来，苗族、侗族等各族人民聚居杂处于此，特别是明清以降，其与中原各地交流扩大，商贸频繁，经济活跃，文化交融，社会发展进步十分明显。作为这种经济社会发展的产物，如今则给我们留下了一笔丰厚的文化遗产，这就是著名的清水江文书。

清水江文书保存了大量的明清以降苗族侗族人民在山林经营和木材贸易方面所立契约文书，此外还有田土买卖、分家析产、纠纷诉讼、日常收支、婚姻习俗以及其他公私交往与社会生活的契约和记录，种类繁多，数量巨大，成为继徽州文书之后发现的又一大地方文书档案遗存，堪称民间契约文书之又一宝藏。清水江文书与内地其他文书相比，从大的方面看，整体上大致相同，显示其承继和吸收了中原契约文书的基本要素。而在契约内容事项的表述之中，又清楚地显露出地方特色和民族习俗。最值得称道的是其归户性。所谓归户文书，乃指原本属于一户所产生的各种契约文书，一直保持其原始户属形态，没有被打乱，仍以户的形式保存下来。如今，明清时代的契约文书在各地多有遗存和发现，其中亦不乏归户性文书。然从总体来看，属于归户性文书者则占少数。有的最初面世时虽属归户文书，但其后或因转手太多，或因缺乏归户意识，原本属于一户的各种契约文书多被打乱，而分藏各处；有的遗存下来时就是一些零散文书。已面世的各地明清契约文书多数属于这种情况。清水江文书则有所不同，目前发现遗存的该文书大多数都属于归户性文书。这是由于当地公藏单位在收藏文书时，从一开始就注意按户归类建档；又有相当一部分清水江文书，目前仍保存在原文书户主家中，其主人将文书原件视为家珍，不愿交与他人保管，收藏单位和研究者仅可获得复印件，毫无疑问，这些文书是地地道道的归户文书。归户性十分突出，成为清水江文书遗存的一大特点。

归户性文书多可构成个案研究资料。个案资料与零散资料相比，不仅有量的区别，在质的方面亦有不同。个案资料比较完整，没有被割裂，多保持资料生成原貌，呈现出资料形成的原始形态，从而为研究者提供了一般零散资料不具备的多种信息。完整的个案资料则更接近历史真相，更能反映事物的本来面貌。不仅如此，通过个案研究，往往会有新的发现。理论上的概括，需以实证为基础。研究中的真知灼见，往往源于对典型个案的分析之中。所以在科学研究中，进行典型的个案剖析，乃为重要一环，不可或缺。就契约文书而言，以归户性文书所形成的个案资料，纵向上可对一个家庭或家族作长时间段的追踪，探索其发展变迁轨迹；横向上又可对诸多相关专题加以探索，作出全面而深入的研究。故归户性文书的研究价值更高，向来受到研究者重视。

王宗勋作为一名深深扎根于乡土的著名学者，多年以来，一直从事清水江文书的征集、整理和研究工作，勤奋钻研，孜孜不倦。其对清水江文书资源情况颇为熟悉，对有关清水江文书的乡土知识也了然于胸。曾与中山大学张应强教授共同主编出版了大型文书资料《清水江文书》（第一、二、三辑），并发表了多篇论述清水江文书的论文，研究成果颇丰。在征集文书的过程中，他发掘出"加池四合院文书"这一珍贵的文书资料。该文书群保存完好，计 1200 余份，上起清乾隆中期，下迄 20 世纪 50 年代，时间跨度近两个世纪。其内容以林业经营为主，涉及山林土地买卖、租佃关系、宗法规则、赋役制度、司法诉讼、风土人情、宗教信仰等等。文书类别除一般散件契约外，还有三本有关林业经营的簿册文书，资料集中，纪录完整，研究价值很高。该文书的事主皆为加池姜廷德及其后裔，全是该户经过长期积累而形成的原文书群，为归户文书之典型，堪称清水江文书之珍品。其研究价值不言而喻。王宗勋同志近年来遂立课题，对该文书加以分类梳理，精心考究，辑成《加池四合院文书考释》付梓。尤其难得的是，他利用自己所掌握的乡土知识和研究功底，对文书中出现的苗语人名、地名、特殊名词，乃至相关历史事件、历史人物、地方习俗等等，都一一考证，详加注释，实为有关契约文书的一种基础性研究。这对清水江文书乃至明清契约文书的研究必将大有裨益。

期待有更多的像加池四合院文书这样的文书资料被发掘出来，整理出版，公之于世，嘉惠学林。

2015 年 6 月

（栾成显，中国社会科学院历史研究所研究员、徽学研究中心顾问）

# 凡　例

一、《加池四合院文书考释》按内容分为山林权属转移文书、佃山造林文书、卖木分款文书、田土买卖文书、借贷文书、清白文书、诉讼文书等类。每类文书，按时间先后顺序排列。

二、原文书大部分没有标题，现书中标题为考释者所加。

三、文书中盖有印章的，点校时不对印章进行校注。

四、原文书中的异体字或错别字，先原样照录后，以（　）标出正字。

五、因文书损坏造成的缺字，或字迹模糊、难以辨识，以□表示此处缺一字；若不能确定缺字数量，则以……表示。

六、对文书中若干人名并列的特殊书写方式，也予以保留，如：姜 之模 开明；原文书中加方框的地方，也保留其方框。

七、文书中的特殊名词和涉及的特殊事件、人物、生产生活习俗等在文书后加注释说明。

八、加池系传统苗族村落，文书中的地名大多系汉字记苗音。再加上受到附近侗族村寨语言风格等的影响，文书有相当一部分地名杂有侗语成分。所以在文书之后的注释中，对苗侗语地名或人名用汉语拼音标出原来读音，并将其翻译成汉语。

九、对原文书的一些背景情况和文书中出现的错误也在条目后加注释说明。

十、《加池四合院文书考释》，对同一名词只在第一次出现时进行注释。

# 目　录

# 加池四合院文书综述

王宗勋

## 一、加池四合院

加池，亦写作“加什”，苗语意为居住在半坡的苗家，是贵州省锦屏县河口乡的一个苗族小村。在历史上，加池属于今锦屏、黎平、剑河三县交界的青山界大山周边的古四十八苗寨之一，同时与锦屏县河口乡塘东、瑶光、韶霭，偶里乡云照，平略镇岑梧以及固本乡宰格6个古苗寨有着类似款约等传统自治组织的密切关系。清康熙中期，加池与附近的文斗上寨、岩湾等苗寨主动向黎平府“输粮附籍”，被拨属黎平府龙里长官司管辖，从而结束了其“化外”历史。

加池村位于清水江（三板溪电站水库，以下简称“水库”）南岸的半山腰上，距锦屏县城水路35公里、公路55公里，从江（水库）边到村里约有1公里的坡路，海拔约600米。东邻文斗村，南靠中仰村，西隔清水江（水库）与锦来村党样自然寨相望，北隔清水江（水库）与南怒村相望，东北与岩湾村相接。2014年全村有198户，886人，90%左右为姜姓，其他为马、王、杨、唐等姓。全村土地总面积约10 100亩，其中60%左右为林地，三板溪电站建设淹没其林地1700多亩。至今仍有林地4700余亩，农田370亩。该村的经济过去以农业为主，林业是重要的补助。20世纪90年代末期国家实行天然林保护政策，对林木实行“禁伐”后，传统林业不再是其经济的重要补充。现在，人们多外出务工，务工收入已成为该村最重要的经济来源，约占全部经济收入的65%。

加池村的房屋基本上依山而建，面向清水江，多数人家打开窗子即可清晰地看见下边碧绿蜿蜒的清水江（水库）。在该村，至今仍保存有一幢完好的杉木四合院。该四合院坐落在村西角，坐南朝北，东侧有一口水井和一眼水塘，水井供应全村的饮用水，水塘则供村里水牛夏天洗澡；西侧有一群红豆杉、枫等参天古树；上边为梯田，下边是田冲。四合院为青瓦顶楼式纯杉木建筑，横排5间，长14.8米，进深19.6米，占地面积290平方米。在结构和布局上，前面为堂，后面为正屋，两边为厢房。正屋为五柱七瓜重檐悬山顶三层结构，前堂和厢房为三柱五瓜单檐悬山顶两层结构。进大门穿过前堂即为一个长 11 米、宽 5.5 米，镶铺青石板的长方形露天天井，天井四角有古钱状的排水孔，水通过暗沟排出屋外。前楼和后屋的一楼为杂物间，用以堆放农具和柴炭等物（过去也圈关猪牛）。二楼由一条宽 1 米的环形内走廊将前堂、正屋和两边厢房联通。正屋中间的为堂屋，东侧后间为火炉（厨房兼生活起居室），余为卧室。厢房东边为客房，西边为书房。前堂为饭厅。走廊的外面雕有“福”“寿”“禄”字和“卐”型符号，手工简洁流畅。走廊内侧窗户和走廊上方檐下均雕有花草动物图形，手工细腻，形象生动。堂屋即客厅，是家庭讨论重大事务和接待重要宾客的场所。过去，堂屋两边的柱子上均挂有金字抱柱对联。现客厅中仍维持始建时的大致布局：正中有一个直径 1.5 米的象脚大圆桌，两侧各排有四根清式靠椅和一把茶几，后面为神龛，神龛上摆有瓷制祭器。神龛、圆桌、靠椅均雕有精致的图案。正屋三楼两侧前面为未婚子女的卧室，后面则用作老人的卧室和存放平时不大用的生产和生活工具。正中部分平时空着，有喜事时用以摆设酒席。房屋二、三两层楼的楼板均为双层，顶瓦亦系双层。

四合院修建于清光绪三年（1877 年）。当时主人姜恩瑞（又名姜宗保）家业正盛，在加池村属富户之一，但人丁欠旺，姜恩瑞已是第二代单传。而他年过三十，连生四女而无一子，心里甚是不安。光绪元年（1875 年），湖南阴阳先生张炳兴游历到文斗，已近乎无奈的姜恩瑞闻讯便怀着一线希望向张先生求助。张先生经过一番认真考察，建议择于今址“起大屋，接晚秋瓜”。姜恩瑞遂迫不及待地在今址兴土木建大宅。纵然姜恩瑞家杉山众多，木材丰富，但他仍不惜重金到 10 公里外的扒洞选购更上等的木料。尤其是用于正屋堂屋的两根中柱，选用极其贵重的紫檀木。经多方寻访，最后在七八公里外的冒哨冲购得。运至半路，有一根被一位妇女无意踩踏，遂废而重新购买一根（当地风俗，建新房用的中柱、宝梁木严禁妇女跨踏，否则不吉利）。四合院由湖南宝庆（今邵阳）孙、伍等有名工匠负责建造，孙姓师傅率 8 名工匠负责房屋的设计和木工以及家具制作，伍姓师傅则率两名工匠负责石瓦。在张炳兴的精心指导下，四合院建设前后历时 3 年（先建后面正屋，再建前面堂楼），光绪三年（1877 年）竣工。四合院竣工后，恩瑞盼望已久的“晚秋瓜”男嗣姜源淋果然出世。

四合院在建筑上，既引进了湖南地区汉族建筑的风格，同时又继承了清水江中下游地区苗族建筑的风格，是湖南汉族建筑文化与清水江中下游林区苗族建筑文化的完好结合。

从四合院保存的诸文书中，对这家的历史最早可追溯到清康熙年间，姜甫元、甫明、甫臣兄弟是该家族有文字记载在加池的最早先祖。姜甫元之子姜合保活跃在雍正年间至乾隆中期。这时候清水江的木材贸易已开始繁荣，他于是积极投身到木材贸易的新潮流中。姜合保的次子姜廷德(长子姜廷方)进一步光大父业，积极从事山林转手倒卖和小额木材买卖，也不时驾排下运“三江”售卖，同时还大量置放高利贷。和当时的大多数农民一样，姜廷德所赚取的利润大多用于购置山林田地。从乾隆到道光年间，他共计买进山林土地三百多块，奠定了其家族的经济基础。廷德生有两男两女。长子开明(1795～1857)从小随父从事山林及木材买卖，也充当排夫，其经手买进的山林有一百多块。次子开科22岁时因放排丧命清水江，留下遗腹子凤鸣，家业遂由开明掌管。然凤鸣也是寿命不长，在与格翁村富室范文通之女成家并遗下独子恩瑞后，也在22岁时匆匆离世。姜恩瑞成年时，正值清水江中下游地区战争动乱后期，加池寨被黎平府强行编入地方团练中营(清水江著名的“三营”之一)去抵抗台江张秀眉、天柱姜应芳率领的苗、侗族农民起义军。根据“有人出人，有钱出钱”的政策，作为独子和加池村富户之一的姜恩瑞，在捐献出百分之三十的田产后，仍被迫充当团丁参加打仗。因顾虑自己已是两代单传，尚未完成传宗接代的任务，故在打仗中总是冲锋在后而撤退在先。战乱结束后，姜恩瑞利用所余家资建了这座四合院。在四合院建成的当年，姜恩瑞盼望已久的承嗣人姜源淋出世。此时，清水江的木材贸易在经过二十多年因战乱导致的萧条之后空前繁荣，心病已除的姜恩瑞便悉心投入木材贸易大潮中，倾力从事山林转手和木材买卖。随着木材生意越做越大，他甚至还自取名号为“五礼行”，打制一把名为“洪顺”的山印用于收购木材(山印，因形如斧子，也称作“斧印”，山贩在山间或江边购买得木材后，即在木材上敲上该印，以标识木材的权属)。光绪中期，姜恩瑞的家业较前几代人都空前盛大，长公姜开明那一支的山林田土大多数被他收买了过来。惟一的香火继承人姜源淋成家以后，也在姜恩瑞的指导下从事山林转手和木材买卖。但好景不长，清代后期至民国中期，清水江的木材贸易起落不定，尤其抗日战争期间更是长期萧条，姜源淋与大多数加池人一样，无生意可做，兼之子女众多(生育盛荣、盛华、盛富、盛贵、盛昌等五子三女，按“五丁抽二”的原则，两个小儿子于民国中期被抽出当兵，均有去无回)，家道于是日渐式微。1952年土地改革时，依照当时所拥有山林土地情况，姜盛荣、姜盛富、姜绍烈(姜盛华之子)兄弟叔侄都被划定为中农成分，山林土地基本不动。1956年农业合作化时，他们所有的山林田土均悉数无偿交归集体。到2014年，四合院的后人计有6户，36人，除绍平、绍卿两人搬出四合院外，绍烈、绍奎、绍榜、绍勇仍居住在四合院中。

## 二、四合院文书的基本情况

2001年5月，一次偶然的机会，笔者发现加池四合院中还保存有大量的旧契约等文书。这些文书置放在三楼空荡荡的大通间边上，用一口高与宽约50厘米、长约80厘米的大樟木箱装载，箱子上积满灰尘。当时文书存放得十分规范，大包里面有小包，有的小包里面还有小包。大包用家机布单独包捆（包布为四方形，其中一个角捆一根麻线，麻线末端拴一枚铜钱），包上写有包里文书内容的简要概括文字。中包和小包或用布包，或用纸包，用麻线或糯草芯捆扎，包面上书写山场田块名称和包内契约的大致内容。小包里的文书都折成宽4~6厘米、长约20厘米的长条形状，有的面上写有如“某某山卖契”“某某山佃字”“某某山清单”等字。在契约、合同类文书的左上角大都贴有一张小红纸片，红纸片上写有山场田块的名称，如“某某山佃字”“某某山合同”等。文书的管理者姜绍烈老先生介绍说，过去契约文书皆按照山块分包，小包里即是同一块山场的所有契约（包括卖契、佃契、合同、清单等），大包则是相邻山场的契约文书，在契约以及包上写字，其目的是便于查找。因山场进出变化等原因，过去老人每隔几年就要清理一次（姜恩瑞即做过多次清理）。旧时，契约等文书都由家里长子保管。四合院家庭众兄弟中，姜绍烈年纪最大，所以就由其管理契约等文书。姜绍烈说：“因家里有些山场，祖父和父亲都曾交代，家里出现火灾等紧急情况，无论如何要先救出装契约的箱子。1956年‘合作化’后，山林田土交归集体，这些契约文书对山林田土的管理也就没有什么用了。”

当时，笔者正奉命负责锦屏县政府与中山大学合作收集整理锦屏民间契约等文书事宜。笔者多次走访加池四合院，向姜绍烈、姜绍卿等四合院的主要成员做思想工作，动员其将所保存的文书交给县里（县契约征集办公室）整理和收藏。经多次做工作后，2001年8月，姜绍烈、姜绍卿兄弟终于同意将所有的1200余份契约等文书悉数交到县契约征集办公室，从而奠定了清水江文书（锦屏文书）征集工作的基础。此后至2012年的11年间，笔者多次走访姜绍烈老先生，请他指点其家族契约等文书中所涉及的地名、史事及人物，进而与其结下深厚的忘年情谊。

四合院的文书以契约类为主，约占总数的八成。其时间跨度从清乾隆中期到20世纪50年代，前后将近两百年，跨越7代人：姜廷德—姜开明、开科兄弟—姜凤鸣—姜恩瑞—姜源淋—姜盛富兄弟—姜绍烈兄弟。其内容以林业类为主，涉及土地制度、租佃关系、分配制度、赋役制度、宗法制度、司法诉讼、地方法规、风土人情、宗教信仰等。具体可以分为田土权属转移契约、山林权属转移契约、租佃契约、山林股份分成合同、林业收益分配合同、分家析产关文、银粮借当契据、家庭收支登记册、山林登记簿、山林和社会治安管理的乡规民约、山林权属等纠纷调解裁决和诉讼状词及官府的裁决、官府文告、信函、丧葬法事活动情况记录、地理命理课单等。诸文书中，有的在时间上有很强的连续性，有的山块从清代乾隆中期至清末一百多年中的每次权属变化都清晰可鉴。从诸文书中,可以清理出姜绍烈家族自清康熙年间至民国末年两百多年的发展脉络,使我们能全面地了解到四合院家族近两百年间的经济、生活以及社会交往等方面的基本状况。

在四合院文书中,有两件文书颇为特殊:一件是落款为"五礼行加礼"的3本山林座簿,另一件是汇集清道光中期格翁等村寨民众联合诉斗河口巨富"姚百万"的状词稿《益我斯文》抄本。座簿即是山林田土登记清册。"五礼行加礼"座簿记录了姜廷德家族从清乾隆中期到宣统年间一百多年所购进每一块山林和土地的情况,共分为3册:第一册簿名"业来滚滚",订于清嘉庆十九年(1814年)三月,记录了姜廷德、姜开明父子在嘉庆七年(1802年)至同治年间买进395块山林的简要情况;第二册无簿名,订于清咸丰九年(1859年)正月,收录了乾隆四十五年(1780年)至道光二十八年(1848年)68年间,姜廷德、姜开明父子等对涉及尾圣等57块山场的山林买卖、租佃、股份分成的契约245份;第三册簿名"万山归来",订于清宣统元年(1909年)冬月,记录了光绪至宣统时期姜恩瑞、姜源淋父子经手买进116块山林的简要情况。从这几本座簿中,我们可以大致了解到四合院家族经济的发展轨迹。

清代中期以后,随着清水江流域木材贸易的发展,封建林业商品经济日益繁荣,吸引来了湘赣等地大量的破产农民和手工业者。他们迁移这里,在带来先进的封建商品经济和封建文化意识的同时,也使这里的社会结构发生变化。由于经济和文化意识的差异以及利益等方面缘故,汉族人来到这里不久,便与世居的苗、侗族发生摩擦甚至斗争。河口巨富"姚百万"的兴衰即是一个典型的例子。"姚百万"(姚继周父子)是清乾隆后期从江西迁来,在锦屏因从事木材贸易发家的清水江第一代富商,兴盛时所拥有家资(银)逾百万两,"姚百万"名号因此而得,其财势在清水江流域地区至今仍无人能及。但"姚百万"却在道光中期被格翁、塘东等周边民众联合起来告垮,其故事至今仍盛传不衰。《益我斯文》抄本是木材流动下的清水江流域社会经济变迁与人群互动的真实反映。2008年,笔者在格翁范培权家收集到另一集诉姚百万状词稿,是诉讼姚百万事件的核心人物范金亲手抄录,内容与加池四合院的《益我斯文》抄本有所不同,二者互相补充和印证。

## 三、四合院文书的特点

加池四合院文书具有以下几个方面的特点:

第一,林业特色。在四合院的1200余份文书中,有75%左右是记录和反映林业以及关乎林业方面的。其内容包括:①山场和林木所有权的转移;②林业土地与劳动力之间的关系；③木材贸易；④林业收益分配；⑤林业产权纠纷以及解决形式；⑥林业生产技术及管理。这些内容，涉及林业的基础土地和林业生产的各个环节，尤其是林业生产上的责任、权利和利益的调整与分配。从四合院诸文书中，我们可以看出，在第一线从事林业生产者的利益是否得到合理体现，是林业能否得到发展的关键。锦屏县是我国南方重要的传统人工林区，自20世纪50年代以来就是国家林业政策的试验地。20世纪80年代以来，国家在这里进行了数轮林业体制改革，探索林业发展的新路，其最主要目的也是让林农的应有利益得到科学合理实现，以激发其从事林业生产的积极性。加池四合院的这些涉林文书，其实就是一部活态的人工营林史，对当今发展生态林业、建设生态文明具有重要的参考和借鉴价值。

第二，白契多，红契少。在四合院的契约类文书中，盖有官府铃印的“红契”共有128份，约占总数的12%。其中，田契36份，约占田契总数的35%；山场卖契92份，约占山场契总数的19%。诸“红契”散现于清嘉庆年间、道光年间、光绪年间以及民国时期。众所周知，“红契”是官府对民间经济发展影响的形式和结果。清乾隆、嘉庆、道光年间以及民国时期，官府都发出告示，要求民众持土地房屋等权属转移的契约文书到官府验证，缴纳契税，但加池等地因地处边远，响应者寡。出现“红契”，反映出国家与清水江流域地区在经济上的双向互动。白契占大多数，则更是反映了清水江流域少数民族地区国家影响力的相对薄弱和少数民族朴素诚信意识凸显的社会状况。

第三，归户性。归户性是清水江文书的一大特点，而加池四合院文书则更是清水江文书归户性的典型和代表。在锦屏、黎平两县，有关部门在民间文书的征集中，也发现有保存上千份的大户，但那些都是一个大家族若干户（数十户）公共的，涉及面较广，而四合院文书的所有者则仅为姜绍烈六兄弟。而且，目前仍健在的姜绍烈老先生，自己即是相当一部分文书产生的见证者和文书中的当事人，他对诸契约中涉及的山场田块和事件大多了然于胸（姜绍烈父亲去世得较早，其年轻时候曾伙同其伯、叔等一起买卖山林，佃种他人山场，也亲自同他人订立过契约）。从某种意义上说，姜绍烈本人也是四合院文书的一部分，是四合院文书在1952年以后的延续。

正是由于四合院文书连续、系统和完整的归户性特征，把时间性和空间性有机地统一到了一起，使我们可以把握这个家族历史发展变迁的内在脉络，深入到一个真实、立体的历史现场，继而窥视到清水江区域社会变迁的某些侧面，以更加透彻历史事实。

第四，归地性。所谓的归地性，即是将契约文书根据山场地块的不同来分包保存，就如同按文件类别的不同来分门别类建立档案一样。因为这种归地指向的历史遗存有某些原生的内在关联，使得契约文书既系统完整又脉络清晰。如上所述，笔者最初发现四合院文书时，其契约类的归地性十分明显和突出，各山场、田（地）块的契约均单独分包。如，一块山场的契约包括该山场的卖契（包括上手契）、租佃契、山场股份清单、山场林木款分配清单、权属纠纷解决过程中形成的各种文件等；田（地）块的契约包括卖契、典当契等。在四合院的文书中，我们可以看出，四合院家族过去的山场大部分集中在加池村西南面 2 ~4 公里的清水江南岸一带，具体地名有党样、乌什、刚套、党周、培鸠、乌漫溪和寨脚半坡一带及江对面的莲花山、伟包等，农田则集中在寨后山的补省、里丹及村寨附近一带。对这些地块，姜绍烈老先生无不了然于胸。但遗憾的是，在后来的整理中，工作人员未能按归地性来立卷（因确有一定的技术难度），只能按时间先后顺序来整理立卷，这对于四合院文书的价值来说，不能不说是一种很难以弥补的损失。

四合院文书的归地性特征，不仅为以实地调查和文献解读相结合的学术路径打开了方便之门，以实现对清水江流域“地方性知识”的深度描述，还可为从微观视角开展实证研究锦屏地区林业经济历史提供真实而可靠的材料，这对于当前农村土地流转、林权制度改革以及提高农林作物生产技术大有裨益。

第五，文书书写欠规范。在加池四合院的文书中，有不少书写很规范而且字体很漂亮，但有近六成的书写不是很规范，有的表述前后相互矛盾，有的错漏字和病句很多，如清道光十九年（1839 年）的《姜宗义偷盗戒约》，总计有 102 字，错别字竟有 11 处之多。文书书写不规范和错漏字、病句多，我们从中可以看出两个现象：一是汉族文化教育已在加池等清水江流域地区有了很大的发展，生活在社会最底层的广大农民已逐步掌握汉文化，书写契约文书已不再是少数文化精英的专利；二是随着木材贸易的发展，中原地区的封建契约文化已广泛传播到这里并为广大民众所接受和掌握，清水江流域的契约文化业已形成。

第六，汉字记苗侗音。加池一带是传统的苗族社区，群众的日常生活用语至今仍是用苗语。在四合院的文书中，夹带有很浓重的苗语色彩，尤其在地名和人名的记录上最为突出。在苗语地名和人名的记录上，文书中大多采用汉字记苗音的形式，即是将苗语地名直接用相同或相近读音的汉字记录下来。对于找不到相同或相近读音汉字来记录的苗语地名，就直接将此地名或人名意译成相应的汉字。加池南面 3 公里即是侗族村寨中仰，加上清嘉庆至道光年间，贵州天柱、湖南会同等侗族地区有不少侗民迁移到加池、文斗一带，向此地山主租佃山场造林，成为新居民。在这部分人群的影响下，加池有不少地名和人名夹杂有侗语的含义。另外，还有一个不可忽视的因素，即是由于文书书写者对汉语和汉文掌握较少，以致有的苗侗语地名和人名的记录与原来本意相差甚远，这就给后来的研究者造成了相应的困难。

地名是一个地方经济和社会发展历史的重要载体。从四合院文书所记录的众多古苗语地名中，我们可以看出这一带经济和社会发展变化的影子。这些地名的产生和演变，对于研究这一区域历史文化和生态环境的嬗变提供了相关的支撑。

第七，具有现实利用价值。笔者了解到，在锦屏县，1952 年至 20 世纪 80 年代初期，林业政策先后发生了 4 次较大的变革：①1952 年实行土地改革，将山林土地分配给农民。②1956 年农村实行农业合作化，将农田山场全部无偿收归集体，对林木则采用折价购买的形式收归集体（但因多方面原因，大部分林木实际上只折价而未能兑现），1958 年“大跃进”时更是将山林无偿交到更大规模的人民公社，在很大程度上打乱了原有的管理秩序。③1961 年实行“四固定”，将上交到公社或大队的山林退回到生产队，归生产队所有。在山林土地的运动过程中，都没有完善的手续，有不少山林是指手为界。④1981 ~ 1986 年实行林业“三定”（稳定山林权、划定自留山、确定集体山林管理责任制），又将大部分集体山林的经营权以承包形式分到群众手中。

林业问题较农业复杂。由于政策变革频繁，而且每次变革都不彻底，以致山林权属纠纷频繁发生，成为影响农村社会和谐稳定的一大问题。处理山林土地权属纠纷，黔东南苗族侗族自治州人民政府出台政策明确规定，要求以土地改革、农业合作化、“四固定”和林业“三定”4 个时期形成的历史材料为主要依据。然而在土地改革、农业合作化、“四固定”中，由于工作草率等诸多原因，大多未存留有档案材料；林业“三定”中又因工作赶时间、欠细致等原因，出现很多的错漏。所以，在调查处理山林土地权属纠纷的实际工作中，如果双方都提不出这 4 个时期的档案材料时，就只有翻出旧契约文书来作为依据了。因此，四合院的契约文书在当今处理山林土地权属纠纷中，依然还能发挥其特定作用。20 世纪 80 年代以来，四合院文书就曾先后多次被加池村的干部翻出来提供给上级政府和审判部门用作处理该村在乌什、党样一带与邻村山林权属纠纷（尤其是三板溪电站水库淹没山林权属纠纷）的参考依据。

总之，加池四合院文书是清水江文书的典型和代表。通过这些文书，我们不但可以管窥到清水江文书的概貌，也可以清楚地看到加池苗寨乃至锦屏等整个清水江中下游地区清代中期至民国后期两百年间经济和社会的发展轨迹。而且，我们还可以从中提炼出有益的成分，为当今生态文明建设和农村和谐社会建设提供借鉴和帮助。

# 山林权属转移文书（上）

# 姜卧隐冉培太杉木断卖契

立断卖杉木约人本寨姜卧隐。今因家下要艮[1]度用，无处所卖，自愿卖到杉木一块，坐(落)地名冉培太[2]，议定价艮六钱正，亲手收足，不□一分，任从廷德管业。今恐无凭，立此断卖杉木约为据。

亲子　笔

乾隆伍十四年九月廿三日　　立

①艮，应为“银”字，在清水江流域锦屏等地旧时常把“银”字简写成“艮”，在《加池四合院文书考释》(4卷)中经常出现，后面不再一一指出。

②冉培太，其他文书也写作“眼培太”，苗语译音，意为伸出外面的山岭，在加池寨西南2公里许。

立斷賣杉木約人本寨姜卧隱今因家下
要艮度用無處所賣自愿賣到杉木一塊
坐地名冉培大議定價艮六兩正親手收
足不兩欠分任從建德管業今恐無憑立
此斷賣杉木約爲據

親子筆

乾隆伍十四年九月廿三日　立

# 姜廷烈归漫溪杉木卖契

立卖杉木字人家十寨[①]姜廷烈。为因家下缺少银用,自愿将父亲所栽之杉山土名归漫[②]下去右边凭岭,左凭乀坡[③],下凭岩梁[④],上凭老大。此山作是与胞弟兰生、血叔[⑤]老五所共,实是三股均分。四抵分明。请中先问寨中房族人等,无人承手,复又请中向中仰寨[⑥],将名下乙[⑦]股出卖陆光才名下得买为业。当日议定价银乙两贰钱五分。自卖之后,恁凭买主畜(蓄)禁修剔[⑧]长大发卖,谁艮多寡仍然三股均分,卖主不得异言。恐有来历不明,外人争论,俱在卖主一面承当。恐后无凭,立此卖字,手印为据。

外批[⑨]:约内当加获艮多寡,仍然三股均分[⑩]。

廷烈手印

凭中　陆廷庶

代笔　龙之江

乾隆五十八年十月初八日

①家十寨,即加池寨,其他文书也写作“加十”、“加什”、“家池”、“嘉池”等,苗语意为居住半坡的苗家,与今锦屏县境内的韶霭、塘东、瑶光、宰格、云照、岑梧6个苗寨结成款或联盟。加池,原称之“加锡”。旧时加池、文斗一带苗族往往将“十”读成“锡”音,故写成“加十”或“加什”,民国时期基本读成“加池”。

②归漫,系加池西南1.5公里的乌漫溪的苗侗音混译。

③乀坡,锦屏方言,其他文书也写作“撇坡”、“迫坡”、“白坡”、“北坡”、“白波”等,指坡度不大的斜坡。“乀”读为“pié”音。

④岩梁,其他文书也写作“岩良”,锦屏方言,意为大石头。

⑤血叔,加池等地方言,指父亲的胞弟。

⑥中仰寨,为加池邻村,距加池约3.5公里。村民系侗族,自称“三锹”,多系清代初中期从贵州省天柱及湖南省等地迁来,初时多为文斗、加池等村的山场佃户。2013年全村有305户,1400人。有陆、龙、潘、张四姓,以陆姓为多。

⑦在锦屏地区的契约等文书中,涉及重要内容的数字“一”大都写成“乙”字,目的是防止人为盗改。

⑧修剔,锦屏方言,指用刀砍除幼林间杂草,也称之“抚育”。

⑨外批,指对契约文书正文所作的补充说明,与正文有同等效力。有时是由契约

的书写人所写，也有过了若干时间后由其他人或持契人所写。重要的外批还需有中人作证，请人代书。

⑩此批语意思是今后若再次向买主追加价银，所得部分仍归姜廷烈、姜兰生及叔老五三人均分。加池山林土地卖契绝大多数是断卖，而此契却不是断卖，故仍有向买主追加价的可能。锦屏地区的契约文书中，此类很少见。

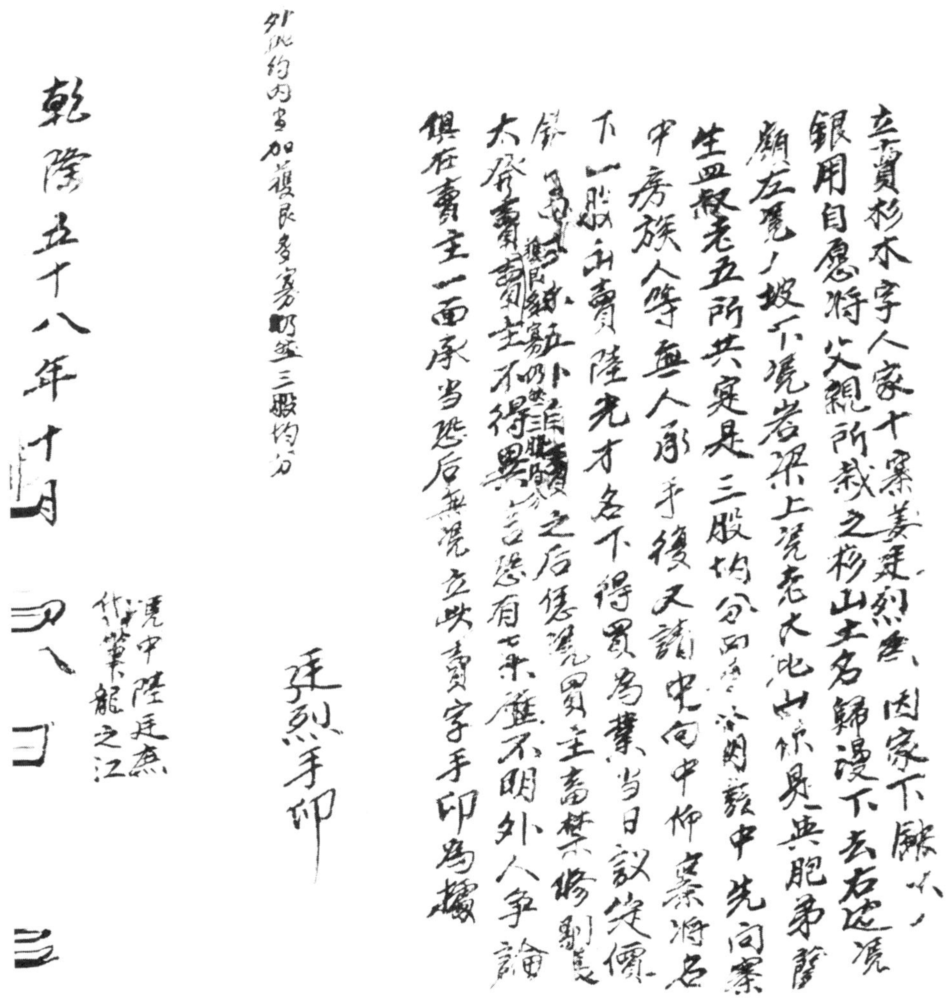
立賣杉木字人家十寨姜廷烈，因家下缺少
銀用，自愿將父親所栽之杉山，土名歸漫，下去右邊憑
嶺，左憑小坡，下憑岩梁，上憑老大池山，作爲與胞弟蘭
生並叔老五所共，寔是三股均分，□□□分內股，中先問寨
中房族人等，無人承手，後又請中向中作寨將名
下一股出賣陸光才名下得買為業，當日議定價
銀□□□□□□之后，任憑買主畜禁修剔
大發賣，買主不得異言，恐有來歷不明，外人爭論，
俱在賣主一面承当，恐后無憑，立此賣字手印為據。
外批：約內后加價艮多寡，照依三股均分。
憑中 陸廷燕
代筆 龍之江
廷烈手印
乾隆五十八年十月

# 姜彬周弟兄加池塘山场杉木断卖契

立断卖杉山并地契人文斗寨姜彬著周弟兄。为因家下缺少用度，情愿将祖山坐落土名加什唐[①]，左凭岭，右凭冲，下至佐周山为界，上至生保山为界，四至分明。请中出断与加什寨姜福乔名下承买为业。当日议定价银乙两乙钱正，即日领回应用。其山恁[②]凭买主修理管业，卖主并无异言。恐后无凭，立此断约存照。

凭中　姜佐兴

乾隆五十九年五月廿六日　代书姜廷周　　立

①加什唐，即加池塘，是清水江在加池西面上游形成的约1公里长的池塘，20世纪50～80年代黔东南苗族侗族自治州木材水运局在此设木材收购站。三板溪电站水库建成后，此塘消失。后面的“加什堂”亦指此。

②恁，即“任”字的另一种写法。

立断卖杉山并地契人文斗寨姜著楷周弟兄为因家下
缺少用度情愿将祖山坐落土名加什唐左边山岭右
边冲下至佐周山为界上至生保山为界四至分明请中立
断与加什寨姜福乔名下承买为业当日议定价
银山两山木各即日领回应用其山任凭买主修理
发业卖主并无异言恐后无凭立此断约存照
凭中 姜佐兴
乾隆五十九年五月廿六日 代书 姜廷関 立

# 姜玉周加池塘山场杉木断卖契

立断卖山场杉木约人文堵[1]下寨下房姜玉周。为因家中缺少银用,无处得出,自己问到家池寨姜得中名下承买为业。当日凭中三面仪(议)定断价纹银九钱。土名坐落加什堂(塘)。自卖知(之)后,恐(恁)买主子生(孙)远远管业,卖主弟兄不得仪(异)言。如有来历不清,俱在卖主向承(前)里(理)落,不干买主知(之)事。日卖一了。今恐有(无)凭,立此析(断)约存照。

外立界至[2]:上平(凭)生保[3],下平(凭)兴周,左平(凭)冲,右(凭)岭,四至分明。

代书　姜光裕押

凭中　姜 佐章○[4]
　　　　 起隆○

乾隆五十九年十月十四日　　立　　卖主姜玉周○

①文堵,系文斗寨的旧称,苗语称"rǎn dōu",意为朝上水(清水江)的山岭上。古称"冉都"或"冉堵"。文斗位于加池村东北边,距离约5公里。该村分上、下两寨,2014年有310户,80%为姜姓。

②外立界至:指书写契约正文时忘记写明山场界至,发现后所作的补充。

③生保,指生保的山场,后同。

④○,当事人画押。

立断賣山場杉木約人文堵下寨下房姜玉周為因家中缺少
銀用無從得出自己問到家池寨姜得中名下承買為業當
日凭中三面議定断價紋銀九兩九分（土名坐落皆果社卅六）有賣知后恐買主子孫遠遠
管業賣主弟兄不得議言知有來歷不清俱在賣主向承
里落不干買主知事日賣一了
今恐有凭立此斷約存照

外批界至上嶺下抵田左平沖右抵□□界分明

凭中姜□□
代筆姜兆□

乾隆五十九年十月十四日　立賣主姜玉周

# 姜老岩冲故龙杉木断卖契

立断卖杉木字人加池寨姜老岩。为因家下费用无出，自愿将杉木乙块，坐落土名冲故龙[①]，四大股，老岩得乙股。又党后[②]四大股，老岩得乙股。二处出卖与二少股[③]与苗馁寨[④]吴老人名下承买为业。当日三面议定价纹银五钱整，分厘无欠。愿凭买主下山管业，不诈（许）外人争论。如有争论，居（俱）在卖主一面承当。今恐无凭，立此断字前照。

外批：四少股，老岩名下寒[⑤]有二少股，老人得二少股。

姜际达　书

嘉庆叁年六月十一日　　立

①冲故龙，又写作“穷故垄”“从固笼”等，苗语译音，意为往侗家方向去的山冲，在加池往中仰方向约700米处。

②党后，又写作“党吼”，苗语读为“dàng hōu”，意为好水的田塝。

③二少股，即“二小股”，旧时加池一带夹苗腔汉语，读“少”字为“小”音。

④苗馁寨，即今锦屏县河口乡韶霭村的古称，苗语意为鱼多，系清水江边较古老的苗寨。位于加池村南面，距离约6公里。2013年有282户，1228人。有龙、吴、姜、李、杨等姓，以龙姓为多。

⑤寒，即“还”字之误。锦屏方言“还”字与“寒”字读音相近。

立斷賣杉木字人加池寨姜老岩爲因家下費用
無出自願將杉木乙塊坐落土名冲敌龍四大股老
岩得乙股又□後四大股老岩得乙股二处出賣與
二少股與苗綫寨吳老人名下承買爲業當日三面
議定價銀五兩恶分厘無欠願憑買主下山管業
不許外人爭論如有爭論居在賣主一面承當今恐
無憑立此斷字前照

外批四少股老岩名下寨有二少股老人得二少股

姜際達書

嘉慶叁年六月十一日立

# 姜兰生龙翁十等山场杉木断卖契

立断山场杉木约人本寨姜兰生。为因家下缺少银用,无处得出,自运(愿)张[1]杉木大小四团:龙翁十[2]乙团,又从谷[3]乙团,又冉皆干[4]乙团,又堂在[5]乙团,出卖与本寨堂兄 姜廷得[6]名下承买为业。当日凭中三面议定断价纹银[7]六两整,亲手收回应用。其木自卖之后,恁从买主下山修理管业,卖主兄弟不得异言。如有异言,俱在卖主尚(上)存[8]理落,不与买主和干(相干)。今恐有(无)凭,立此断字为据。

外批:此木从谷分为四股,廷德占乙股。又龙翁十分为二股,廷得占乙股,廷烈占乙股。

凭中　兄姜廷烈

代笔　姜廷柄

嘉庆四年七月十九日　　立断

外批:冉谷山场杉木拨与乔十,勇荣十[9]拨与开明[10]。

凭中之连　代笔世培

①张,即“将”。旧时加池一带苗腔汉语,“将”读音近“张”。

②龙翁十,加池人读音为“龙翁锡”,在乌什溪下边的两溪交汇处。

③从谷,其他文书又写成“穷谷”,苗语意为窄狭山冲,在加池南边1.5公里处。

④冉皆干,即蛤蚂岭,在加池寨脚。

⑤堂在,又写作“党再”,苗语意为有房屋地基的山间台地。

⑥姜廷得,系“姜廷德”之误。

⑦纹银,也称“户部库平十足纹银”,是清朝法定的标准银,其成色为93.5374。因其表面有细纹,故称“纹银”。

⑧存,应为“前”字。旧时加池话夹苗方言,将“存”字读成“行”音、将“前”字也读成“行”音,故有此误。

⑨勇荣十,又写作“柳荣什”、“扭荣什”等,苗语读作“niù róng xí”,意为陡岩嘴,在乌什溪下边,已被淹。

⑩此系后来所批。

立斷山塲杉木約人本寨姜蘭生為因家下缺少銀
用無從得出自愿將杉木大山四團龍翁十二兩[redacted]又恐
嘴幹乙團又堂在乙團出賣與本寨堂兄
姜廷得名下承買為業當日憑中三面議定斷價紋銀六兩
整親手收回應用其木自賣之后任從買主下山修理曾蔡賣主
兄弟不得異言如有異言俱在賣主尚存理落不與買主相干今恐有憑
立此斷字為據
外批此[redacted]股又龍翁十
分為二股廷得占乙股廷烈占乙股

憑中兄姜廷烈

代筆姜廷柄

外批冉以合山塲杉木搭與秀十勇榮搭與開明
憑中之連
代筆世培

立斷

嘉慶四年七月十九日

# 漏见山场杉木卖契

立卖杉木山场契人姜廷干、廷锡、老福。为要银使用，自愿将到地名漏见[1]山场杉木乙块，凭中出卖与堂弟姜包今、廷华二人承买为业，实受价艮叁两正。其山界至：上凭田，下凭冲，左凭岭乱岩[2]下至冲，右凭冲，四至分明。恁从买主永远管业，不得异言。今欲有凭，立此卖约为据。

批：此山日后分为八股，老三占栽手乙股，余七股廷华、包今二人平分。

凭中　姜廷桢、绍文

代书　姜廷干

嘉庆七年二月十四日立

①漏见，苗语意为山口架枧处。

②岭乱岩，即乱岩岭。苗语和侗语的修饰词往往置于被修饰对象的后面。

立賣杉木山場契人姜廷幹、廷鵬、老
稻，為要銀使用，自愿將到地名漏見山場杉
木一塊，凭中出賣與堂弟姜廷華二人
承買為業，實受價銀叁兩正。其山界至上凭
田，下凭沖，左凭嶺，乱岩至沖，右凭沖，四至分明。係
賣主之業，永遠管業，不得異言。今欲有凭，立此賣約
為據。
批：此山日后分為八股，賣主三股，栽手一股，
余四股廷華包合一大半分。

凭中　姜廷楷
　　　紹文

代书　姜廷幹

嘉慶元年三月十四日　立

# 姜国英叔侄世在书山场杉木断卖契

立断卖山场木约人文堵寨姜国英、连芳叔侄二人。为因家内要艮使用，无出，自愿将到父手得买中房之山、土名坐落世在书上壹岭，左凭小冲，右凭廷柱安岩①为界，上至山顶为界，下至大河②。又下乙边岭，左凭大冲，右凭士祥岭为界，上至廷柱岩洞为界，下至河，四至分明。请中问到加什寨姜士周、姜廷德二人名下承买为业。当日凭中议定价艮贰拾两零伍钱。其山自卖之后，任凭买主修理管业，卖主兄弟不得异言。口说无凭，立卖约为据。

世培
凭中　姜廷梁
保养
代笔　姜廷瑾

嘉庆八年十一月二十四日　　立

①安岩，又称“埋岩”或“栽岩”，旧时锦屏地区林地相邻的林农相约，在第三者（中人）的参与下，在林地边界上安埋多块窄长石头，以便明确界限，此即习俗中所谓的“埋岩为界”。

②大河，指从加池寨脚经过的清水江。

立斷賣山場木約人文墻寨姜国英連芳叔侄二人為因家內要
使錢用無出自愿將到父手得買中房之山土名坐落世在晝上
壹嶺左憑小冲右憑廷柱安先為界上至山頂為界下至大河
又下山边嶺左憑大冲右憑十祥嶺為界上至廷柱岩洞為
界下至河四至分明請中問到加什寨姜士周姜廷德二人名下
承買為業当日憑中議定價艮弍拾兩零伍錢其山自賣之
後任憑買主修理管業賣主兄弟不得異言口說無憑立賣約
為據

憑中姜廷標 世培

保發

代筆姜廷槿

嘉慶八年十一月廿四日 立

# 范老五污晚杉木断卖契

立断杉木约人岩湾寨范老五。为因要银使用，无从得出。自愿将到土名污晚[1]南续尧田坎上之木，下凭田，上凭田，左凭巫祖应之木，右凭路，四至分明。又将到知石[2]山，上凭路乙块之山分为四大股均分，栽手[3]占乙大股，地主占乙大股，老五兄弟占二股。老五名下占二小股，出卖与加池寨姜廷德名下承买为业。当日议定价银三拾两整，亲手领回应用。其木自卖之后，恁买主修理管业，卖主不得异言。倘有异言，俱在卖主相尚理落，不与买主何干。今恐无凭，立此断卖约人存照。

外批：原（愿）凭买主蓄禁，百年之内[4]。

玉平
凭中　范玉堂
玉作
代笔　范起云

嘉庆八年十二月廿日　　立

①污晚，加池靠近岩湾村的一条小溪。此处“晚”字读音为“wàn”。

②知石，又写作“之石”、“之什”、“支实”、“之锡”等，苗语译音，意为乌什下边的岔溪。

③栽手，指佃户租佃山主山场栽树成林后，与山主按比例分得所造林木的劳动股份。栽手价值有时体现在林木成材砍伐阶段，有时则体现在林木尚未成材的活立木阶段。

④此批语意为买主买下这两处杉木后，可借其土蓄养100年，砍伐之后，土归原主子孙。

立斷杉木約人岩湾寨范老五為因要銀使用
無從得方自愿將到土名污晚南瀆寬田坎上之木下
寬田上憑田左憑亞祖意之木右憑路四至分明又將到
知石山上路山塊土山共[illegible]股均分栽手占山大股地主
占山大股老五弟兄占二股老五名下占二小股出賣
與加池寨姜廷德名下承買為業當日議定價銀三拾
兩整親手領回應用其木自賣之后任憑買主修理
管業賣主不得異言倘有異言俱在賣主相向理落
不與買主何干今恐無憑立此斷賣約人存照

憑中 范玉平 玉璽 作

代筆 范起云

外批原憑買主蓄禁
兩年出兩

嘉慶八年十月廿日立

# 姜英保六百山等山场杉木断卖契

立断卖山场杉木约人本房姜英保。为因要银用度，无从得出，自愿将到山场杉木土名六百山[①]。分为六大股，本名占乙股。又将党好[②]方（荒）坪乙丘，又将从落争[③]山场乙团，又将冉告[④]山场乙团。壹共请中出断与 姜廷得名下承买为业。当日凭中议定价银贰两整，亲手领回应用。其山场杉木字（自）卖之后，恁凭买主下山[⑤]修理管业，卖主房族不得异言。恐后无凭，立此断卖山场杉木为据。

凭中代笔　姜廷秉

嘉庆别[⑥]年十二月廿八日　　立

①六百山，又称六百两山，在加池寨西南5公里处清水江右岸党样寨脚。因此山系共山，股数较多，按六百股来分配山场股份，故有此名。

②党好，又写作"党嫎"、"党浩"，苗语译音，意为盛出蕨菜的台坡，在乌什溪边上，距加池寨约3公里。

③从落争，苗语译音，意为曾发生老病（麻风之类）的山冲。

④冉告，苗语译音，意为曾经有老人居住的山岭。

⑤下山，因加池、文斗等村寨居住在半坡上，山场多在寨脚河边一带，故有"下山"这一说法。

⑥别，系"捌"字之误。

立斷賣山場杉木約人本房姜英保為因要銀用度無從得出
處，將到山場杉木土名六百山分為六大股，本名占乙股，又將党好房
平乙股，又將挺謠爭山場乙團，又將兩告山場乙團，壹共請中出斷與
姜廷得名下承買為業，當日憑中議定價銀貳兩整，親手
領回應用，其山場杉木字賣之後，任憑買主管業修理，蔡書
二房族不得異言，恐後無憑，立此斷賣山場杉木為據。

憑中代筆 姜廷東

嘉慶拾年二月廿八日 立

# 潘德菜收杉木并土断卖契

立卖杉木并地文斗寨潘德、姜胜祖、胜武弟兄。为因缺少无出，情愿将到坐落菜收杉木并地乙块，凭中出卖与加池寨姜士周廷德名下承买修理管业。当日三面仪（议）定价银四拾两正，亲手收回应用。其杉木界至：上凭岩同①，左凭岭，右凭岭，下凭大何（河），四至分名（明）。倘有来路不清，俱卖祖（主）上前理落，不与买主何干。立卖杉木并地是实。内添二字。

凭中　吴德行

亲笔　姜胜祖

嘉庆九年二月十三日　　立

①岩同，系“岩洞”之误。岩洞，锦屏等清水江沿岸地区方言，指岩崖，并非真正的岩洞。

立賣杉木並地文斗寨潘德姜勝祖勝武弟兄為因缺少無正情
愿將到坐落蘇汉杉木並地一塊憑中正賣與加池寨
姜士朝廷德名下承買為業當日三面議定價銀四拾兩正
親手収回應用其杉木界至上憑岩間左憑嶺右憑嶺下憑大
何四然分各倘有來路不清俱賣祖上前理落不與買主何干立賣
杉木並地是實

憑中　吳德行

親筆　姜勝祖

外添二字

嘉慶九年二月十　日　立

# 姜胜祖弟兄菜收杉木断卖契

立卖杉木土木乙路①出卖文斗寨姜胜祖武二人弟兄。为因缺少无出，情愿将坐土(落)菜收杉木山场乙块，凭中出与加池寨姜士周廷德名下承买为业。当日凭中仪(议)定实价文银②四拾两正，亲手收回应用。其杉木界至：上凭岩同(洞)，左凭岭，右凭岭，下凭大何(河)，四恁(至)分名(明)。倘来路不青(清)，俱在卖主相(上)前理落，不与买(主)何干。立卖杉木山场是实。

凭中　吴德行

卖主亲笔　姜胜祖

嘉庆九年二月十三日立

①乙路，锦屏方言，“一起”之意。

②文银，即纹银。

立賣杉木土木乙路人賣文斗寨姜勝武祖文爵兄
為因缺少無出，情願將坐土蘇收杉木山場乙塊，憑
中出與加池寨姜士高、廷德名下承買為業。當日憑中議定
價文銀四拾兩正，親手收回應用。其杉木界至上憑岩
同左憑嶺右嶺下憑大河，四抵分名。倘來路不青，俱
在賣主相前理落，不與買主干。立賣杉木山場是實。

憑中 吳德行

賣主親筆 姜勝祖

嘉慶九年二月十 日 立

## 姜起山父子党独狗杉木断卖契

立断卖杉木约人本房叔爷姜起山、凤兰、善兰父子三人。为因要银用度，无处得，自（愿）商议把三团之木，坐落地名党独狗①，分为三股，三父子名下占乙股。又污补生②分为八股，父子占名下占二股。除乙股卖，现有乙股在。又党雷③坟边。共为三处，出卖与廷德名下为业。当日三面议定纹银十二两整，亲手领回应用。其银（木）自卖之后，任从买主年年修理，长大发卖不得异言。如有异言，拘（俱）在卖主理落，不关买主何干。今恐无凭，立此乙纸为据。

外批：党独狗山脚二根拘（俱）在内为业。

凭中　姜廷桥

代笔　姜际达

嘉庆九年十二月廿四日　　立

①党独狗，在加池西南方 1.5 公里处，苗语意为“狗恋窝”。

②污补生，苗语译音，意为补生溪边。补生，在加池寨南方与中仰寨交界一带，距加池寨约 2 公里，为加池重要水稻生产区。“补”，苗语意为突出的小山包，“补生”，意为中间有山包的坝子。因旧加池人说汉语往往将“生”字读作“兴”音、将“兴”字读作“先”音，故此地名有多个写法：“补兴”、“普生”、“步新”、“步信”、“布新”、“普省”、“普生”、“普升”、“普先”、“不生”、“不省”等。

③党雷，苗语译音，意为较平的山间窝地。

立断卖杉木约人本房叔爷姜起山、凤兰、善兰父子三人，为因要银用度，自愿将自产南识把三团之木，坐落地名党独构，分为五股，三父子名下占山股，又得补堂分为八股，父子占名下二股，除乙股卖现将山股在又党当坟地，共为三股，二股卖与廷谋名下为业，当日三面议定价银十二两，亲手收回应用，其银自卖之后，任从买主耕修理，长大砍卖，不许卖主异言，如有异言，俱在卖主理落，不关买主之事。今欲有凭，立此断卖存照。

外批光构山脚二根均在内为业

凭中 姜廷构

代笔 姜胜达

嘉庆九年十二月二十四日 立

# 陆光才之收杉木断卖契

立断卖杉约人中仰寨陆光才。为因家中要银使用，无处得出，自愿将到土名之收[1]杉木乙团，左平（凭）领（岭）为介（界），右平（凭）白坡为介（界），上平（凭）田角为介（界），下平（凭）老木[2]为介（界），四至分（清）。此杉木六股均分，陆光才栽手占四股，出卖与 姜廷德名下承买为业。当意（日）凭中议定价银二两五钱整，亲手领回应用。自卖之后，恁从买（主）上山修理管业，不使弟兄外人争论。倘有意人（异言），俱在卖主上前理（落），不干买主之事。日（一）卖一了，二卖二收。今恐无凭，立此断约前照。

内添八个字。

凭中　姜文玉

姜朝俊　笔

嘉庆十年三月初四日　　立

①之收，又写作“之修”、“知收”等，苗语译音，指直流的溪水。

②老木，一指蓄禁用来制作棺材的大杉木，二指上届砍伐时留下的次生木（也称“发蔸木”）。

立斷賣杉約人中仰寨陸光才為因家中要銀使用無処得出自愿將到土名之
湾杉木山團在平碩為介右平白坡為介上平田角為介下平老木為介四至分此杉木六股均
分陸光才栽手占四股出賣與
姜廷魁名下承買為業當意凭中議定價銀二兩五錢整親手領回應用
自賣之后任從買主上山修理管業不使弟兄外人爭論倘有意人俱在賣
主上前理不干買主之事自賣已了二比不反收公恐無憑立此斷約存照

內添八个字

凭中　姜文玉

姜朝佐親筆

嘉慶十年　三月初四日　立

## 姜美保冉第等山场杉木断卖契

立断卖山场杉木约人本房姜美保。为因家中艰难，要银用度，无处得出，情愿将杉木叁团，坐落地名：一处冉第[①]，分为三股，姜德尚占二股，美保名下占乙股。二木零土代内[②]。二处地名穷冉构[③]，分为四股，美保名下占乙股。三处地名皆坐[④]，分为二股，美保名下占乙股，共合三团。凭中引到出卖与姜廷德名下承买为业。当日凭中议定价银十六两五钱整，亲手领回应用。其银[⑤]自卖之后，恁（任）从买主年年修（理）管业，长大发卖，弟兄子孙不异言。今恐无凭，立此一纸卖契为据。

凭中　姜廷华

代笔　姜君仁

嘉庆拾年三月二十三日　　立

①冉第，因加池苗语“第”字读为“计”音，又称“冉计”、“冉记”，苗语意为狭窄的山岭，在加池塘右岸，距加池约3.5公里，已被电站水库淹没。“第”，苗语为“小”或“狭窄”的意思。

②零土代内，即“连土在内”。加池带苗腔汉语，“连”读成“零”，“在”读音近“代”。

③穷冉构，苗语译音，意为侗家（中仰寨）岭下山冲。

④皆坐，苗语译音，意为底下的尖岭。

⑤其银，应为“其山”之误。

立断賣山場杉木約人本房姜美保為因家中艱難要銀用度
無處得出情願將杉木叁團坐落地名一處冉第分為三股
姜德尚占二股美保名下占乙股二木零土代內二處地名窮冉
構僉為四股美保名下占乙股三處地名皆坐分為二股美保名下占乙股
共合三團憑中出到出賣與姜廷德名下承買為業當
日憑中議定價銀十六兩五分整親手領回應用其銀自賣之
後憑從買主耕年管業長大發賣弟兄子孫不異言今恐無
憑立此一紙賣契為據

憑中姜廷華

代筆姜君仁

嘉慶拾年三月二十三日 立

## 潘德菜收山场杉木断卖契

立断卖山场杉木约人文斗寨潘德、姜胜祖、胜武弟兄。为因缺少无出，情愿将到祖业坐落土名菜收山场杉木乙块，左凭岭，右凭岭，上凭岩坎为界，下凭大河为界，四至分明。潘姓、姜姓三人山场杉木乙块，凭中出卖与加什寨姜士周廷德二人名下承买为业。凭中议定价银四拾两整，亲手收回应用。其山场杉木恁凭买主修理管业，日后卖主不得异言。倘有来路不清，俱在卖主上前理落，不关买主之事。恐后无凭，立此卖山场杉木一纸远永存照。

凭中　保计

胜祖　亲笔

嘉庆拾年四月初四日　　立

立断賣山場杉木約人文斗寨潘德姜
勝、祖勝、武第兄為因缺少費用，情
願將到祖業坐落土名蘇取山場杉
木乙塊，左憑嶺，右憑嶺，上憑岩坎為
界，下憑大河為界，四至分明。潘姓、姜姓
二八山場杉木乙塊，憑中出賣與
加什寨姜士周、廷德二人名下承買為業，
憑中議定價銀四拾兩整，親手收
回應用。其山場杉木憑買主
修理管業，日後賣主不得異言。倘有
來歷不清，俱在賣主上前理落，不關
買主之事。恐後無憑，立此賣山場杉木
一紙，遠永存照。

憑中保計
勝祖親筆

嘉慶拾年四月初四日立

# 姜老岩勇容叩杉木断卖契

立断卖杉木约人本房姜老岩兄。为因要银使用，无处所出，自愿将杉木乙块，坐落地名勇容叩[①]，出卖与姜凤生名下承买为业。当日议定价银乙两五钱整，修理管业、长大发卖，不为（得）异言。恐有无凭，立此卖杉木乙纸为据。

外批：分为三大股，又分为六小股，老岩名下占大股，出半股卖与凤生为业。

此山前界（届）木砍了[②]。

凭中　姜老合

代笔　姜□凤

嘉庆拾年四月初九日　　立

①勇容叩，又称“扭荣叩”、“柳容叩”，苗语意为像猫鼻子一样的陡岩岭，在加池寨脚西南面清水江右岸，已被三板溪电站水库淹没。

②此句为后人所批。

立斷賣杉木約人林房姜老岩兄為因要銀使用無處
所出自愿將杉木山壹塊坐落地名烏容叩山賣與姜鳳來
名下承買為業當日議定價銀乙兩五錢修理管業主
大家賣不得異言恐有後憑立此斷賣杉木約為據
外批合為三大股又分為六小股老岩名下占大股乙
半股賣與鳳來為業

此山前界未砍了

憑中 姜老合
代筆 姜登瀛

嘉慶拾年四月初九日 立

# 龙老引父子往内杉木断卖契

立断卖杉木约人兄龙老引、子老交、老虎父子三人。为因缺少艮用，无出，自愿将到土名往内[1]杉木乙块，上凭老潘之子木[2]为界，左凭岭，右凭冲，下凭田，四至分明。出卖与姜成德[3]、龙腾贵、姜贵兰三人名下为业。当日凭中议定断价艮十六两二钱整，亲手领回应用。其子（自）杉木自断之后，恁从买主修理管业，日后不得异言。今恐言信难凭，立此断约永远子孙为据存照。

凭中　龙老玉、保

代笔　范泽举

卖主龙老引

嘉庆十年九月二十二日立

①往内，苗语译音，意为像箭一样直去的山岭。

②子木，锦屏方言，指刚栽植成林、但尚未成材的中幼林，也称嫩木。

③姜成德，即姜廷德。

立斷賣杉木約人龍老引子老交老秉文子三人為因缺少艮用無出自願將到土名往內杉木乙塊上憑老潘五子木為界左憑岩右憑沖下憑田四至分明出賣與
姜成德
龍騰貴姜貴闌三人名下為業當日憑中議定斷價艮十六兩二錢整親手領回應用其子杉木自斷之後任從買主修理管業日後不得異言今恐言信難憑立此斷約永遠子孫為據存照

憑中龍老保

代筆范澤舉

嘉慶十年九月廿日　立　賣主龍老引

# 姜胜祖弟兄个顺山场杉木卖契

立卖杉木土木乙路出卖文斗寨姜胜祖武二人弟兄，为因缺少，情愿将到坐落土名个顺①乙块，凭中出卖与加池寨 姜廷德名下承买为业。当日凭中三面仪（议）定实价文银八钱正，亲手收家中应用。其杉木至（自）买□之后，卖主弟兄不得理（异）言。又其有界至：左凭洪②路，右凭廷元，上凭岭，下凭岩③，四至分明。倘有来路不青（清），俱在卖主上前理落，不（与）买主何干。立卖杉木木土木乙路。

内添二字。

凭中　吴引言

卖主亲笔　姜胜武

嘉庆拾年十一月十一日　　立

①个顺，又称贵顺、过舜、故顺，苗语意为接续两山龙脉的狭地。

②洪，其他文书也写成“红”、“红路”、“红道”、“鸿”、“宏”等，是锦屏等地在山间下运木材的漕道，既快捷又省力。洪道一般沿山脊或边坡开，要求无陡坎，禁在山冲间开，否则木材下放时易折断。便于开辟洪道的山场价格稍高。

③岩，指岩崖。

立賣杉木土木乙路人文斗寨姜勝祖、榮藏二人
弟兄，為因缺少，情愿將到坐落土名各个順乙塊
溪中于賣與加池寨　姜祥德名下承買為業
當日憑中三面議定實價文銀八兩，正親手收
家中應用。其杉木至買之後，任憑買主弟兄不得理言
又其有界至：左憑洪路，右憑延坑，上憑嶺，下憑岩，四至分
明。倘有來路不清，俱在賣主上前理落，不関買主何干。
立賣杉木木土木乙路

內繼二字

憑中吳引言

賣主親筆姜勝祖

嘉慶拾年十二月十一日　立

# 姜德宗蕃读垄杉木山场断卖契

立断卖杉木山场约人本寨姜德宗。今因家下缺少银用，无从得出，自愿将到杉木山场坐落地名蕃读垄[①]，出卖与本寨姜廷德名下承买为业。当日三面凭中议定价银五两三钱整，亲手领回应用。自卖之后，任从买主上山修理管业，卖主房族不得异言。倘有来路不明，俱在卖主理落，不与买主之事。恐后无凭，立此卖约子孙存照。

外批：界照依老契[②]管业。

凭中　姜文玉

代笔　姜通文

嘉庆十一年二月二十九日　　立

①蕃读垄，又写作"番读垄"、"番读勇"、"番独勇"等，苗语译音，意为流冷锈水的冲子边。垄，苗语读"lōng"。

②老契，指姜德宗交来的上手契。旧时锦屏地区山林土地买卖时，要求卖方将与所卖土地有关的旧契约文书悉数交给买主。

立斷賣杉木山場約人本寨姜德宗今因家下缺
少銀用無從得出自愿將到杉木山場坐落地名番
讀龍出賣與本寨姜廷德名下承買爲業當日三
面憑中議定價銀五兩三錢整親手領回應用自
賣之后任從買主上山修理管業賣主房族不得
異言倘有来路不明俱在賣主理落不與買主之
事恐後無憑立此賣約子孫存照

外批界照依老契管業

憑中姜文全
代筆姜通文

嘉慶十六年二月二十九日立

# 姜廷相弟兄穷绍冲头杉木断卖契

立断卖杉木字人本房姜廷相华。为因要银费用，无处所出，自愿将杉木二块，坐落地名穷绍①冲头，又乌漫溪②穷绍山。分为四股，姜廷相占三股，出卖二股。乌漫分为四股，廷相占乙股，出卖与姜廷德承买为业。当日三面议定价银三两五钱六分。日后木长，不得异言。今恐无凭，立此乙纸为据。

凭中　姜东保

代笔　姜之琏

嘉庆拾乙年六月初三日　　立

①穷绍，苗语意为老虎冲，在加池西南 1.5 公里处。

②乌漫溪，苗语意为有狼出没的溪，在加池西南 1.5 公里处。

立斷賣杉木字人本房姜廷華（相）為因要銀費用無處
溪山自愿將杉木二塊坐落地名宗綱沖頭又鳥樓[illegible]
其紹（山）分為四股姜廷相占三股山主二股鳥堤分為四股廷
相占山股山主貳與姜廷德廷貫為叁當日三面議定價銀三
兩五分六卜　日后木長不得異言今恐無憑立此乙紙為據

憑中　姜東棟
代筆　姜之瑾

嘉慶拾年　六月　初三日　立

# 龙老矮培学等杉山油山断卖契

立断卖杉木山场油山字人本寨龙老矮整二兄弟。为因要银用度，无处所出，自愿将坐落地(名)培学①、乌慢冉岩②油树、杉木、土三处出卖与姜廷德名下承买为业。当日议定价银三两整。恁凭银主管业，卖主弟兄不得异言争论。如有争论，今欲有凭，立此乙纸为据。

外批：培学二股，凭老整、老岩名下占乙股。又乌慢分为四股，志矮、善华占乙股，又分二小股，老整名下占乙小股出卖。上去在右边岭，本家卖田把去故董的田坎却(脚)③。

凭中　姜廷华

代笔　姜君仁

嘉庆拾乙年六月初三日　　立

①培学，苗语译音，意为喊魂塘上边的山坡，在乌漫溪下边。

②乌慢冉岩，苗语意为乌慢溪边石头岭。

③“本家卖田把去故董的田坎却(脚)”，意为：“本家出卖往故董方向去的田坎脚。”“故”，加池苗语对侗族的称谓，此处专指中仰侗家。

立断卖杉木山场油山字人本寨龙志熙（弟兄二人）为因要银用度，
无处所出，自愿将坐落地名孖包冉岩油树杉木出二处，
出卖与房族善廷德名下承买为业，当日议定价银三两整，亲凭
银主管业，卖主弟兄不得异言争论，如有争论，今欲有
凭，立此山契为据。

外批：其孖二股，凭志熙、志发名下占一股，又自侵分为四股，志发
善兴占一股，又分二小股，志熙名下占一小股，出卖。

[illegible]

凭中 善廷集
代笔 善君仁

嘉庆拾年六月初二日 立

# 姜廷华党浩冲头等杉木断卖契

立断卖杉木约人本房姜廷华兄。为因要银费用,无处所出,自愿将杉木三处、坐落地名党浩冲头,上凭岭,下凭姜起龙之木为界,右凭焉保之木为界,左凭油山为界,四至分明。又地名皆幼脚①,上凭勾(沟)以下为界,下凭岩良上为界,左凭冲为界,右凭路为界,四至分清。又坐落地名行责②众人之山,分为十乙股,廷华名下占乙股。党浩分为八股,廷华占乙股。皆幼脚分为四股,廷华占乙股。俱出三处,出卖本房姜廷德□名下承买为业。当日三面议定价银三两整。任凭买主每年修理,长大发卖,不得异言。今欲有凭,立此断卖乙纸为据。

外批:行责杉木山场出卖与姜廷德为业。

凭中　姜廷相<br>
　　　　东保

代笔　姜之琏

嘉庆拾乙年六月初三日　　立

①皆幼脚,又写作"皆料脚"、"皆料觉"等,苗语译音,意为甜竹笋坡下边。在加池寨脚半坡。

②行责,又写作"行则"、"显则"、"显姐"、"显姊",苗语意为形如下巴的陡山岭,在加池西南面4.5公里处,党样寨下边,是旧时加池重要的林业生产区。

立斷賣杉木約人本房姜廷華兄爲因要銀費用無處所出自愿將杉木三處坐落地名黨浩沖嶺上凴嶺下凴姜起之木爲界右凴爲保之木爲界左凴油山爲界四至分明又地名皆幼鄉上凴旬以下爲界下凴岩良上爲界左凴沖爲界右凴路爲界四至分清又地落地名行責衆人之山分爲十乙股廷華名下占乙股黨浩分爲八股廷華占乙股皆幼鄉分爲四股廷華占乙股俱出三處山賣本房姜廷德古名下承買爲業當日三面議定價銀三兩整任凴買主每年修理長大發賣不得異言今欲有凴立此斷賣乙紙爲據

外批：行責杉木山場出賣與姜廷德爲業

凴中 姜廷相 東保

代筆 姜之瑾

嘉慶拾乙年 六月 初三日 立

## 范宗尧兄弟显则杉木山场断卖契

立卖杉木山场契人岩湾寨范宗尧、承尧、绍卿兄弟三人。为因要银无出，自愿将到山场二块，地名显则，上凭朝元，下凭河，左凭冲，右凭红。此山分为六股，兄弟三人占壹股。凭中出卖与加池姜廷德名下承买为业。凭中议定价银五两六钱正，亲手收用。其山自卖之后，除栽手在外，日后二彼（比）不得异言。倘有等情，立约存照。

外批：上块三股均分，兄弟占乙股。下块六股均分，兄弟占壹股。

亲笔

凭中　范保义

嘉庆十二年十二月廿四日　　立

立賣杉木山塲契人岩湾寨范宗堯、承堯、紹卿兄弟三人，為因要银無出，自願將到山塲二塊，地名顕則，上憑朝元，下憑河，左憑冲，右憑紅兆山，分為六股，兄弟三人占壹股，憑中出賣與加池姜廷德名下承買為業。憑中議定價银五两六錢正，親手收用。其山自賣之后，除栽手在外，日后二彼不得異言。倘有异情，立約存照。

外批：上塊三股均分，兄弟占一股；下塊六股均分，兄弟占壹股。

親筆

憑中 范保義

嘉慶十二年 十二月 廿四日 立

# 范述尧兄弟显则山场杉木卖契

立卖杉木山场契人范述尧、绍政兄弟二人。要银使用无出，自己请中将到杉木山场三块，地名坐落显则，右边岭一块，上凭华周，下凭河，左凭木红，右凭冲。此山分为二大股，兄弟二人占乙股。左边岭乙块，上凭本人山，下凭河，左凭冲，右凭木红。此山分为六股，兄弟二人占乙股，栽手在外。上一块上凭拉木路盘[①]为界，下凭本人山，左凭姜朝元，右凭华周为界。此山分为三股，兄弟二人占乙股。凭中出卖与加池寨姜廷德名下承买为业。当日凭中议定价艮贰拾乙两，亲手领回应用。其山自卖之后，恁从买主修理管业，卖主兄弟不得异言。倘有等情，卖主理落，不干买主之事。今欲有凭，立约存照。

凭中　范保义

代笔　姜绍略　宗尧

嘉庆十二年十二月廿四日　　立

①拉木路盘，指拖运木材的道路。拉木是旧时锦屏林区少量运输木材的一种形式，要求是平路且运输路程短，运木时先将路上的大石头清除、坑洼处填平，两人拖木滑行。拖木先用钉牛（形如锲子）钉住木头的头部，钉牛绳捆套在硬木杠上，两人抬杠平行前进。此种方式一般用于运输胸径20厘米以上大的长木材。盘，指山间横走的道路。

立賣杉木山場契人范咸堯、柖欽兄弟二人，要銀使用，無出，自
己請中將到杉木山場三塊，地名生落頭則右边嶺一塊，上凭
華周，下凭河，左凭米紅，右凭冲，此山分為二大股，兄弟二人占一股；
右边嶺一塊，上凭本人山，下凭河，左凭冲，右凭米紅，此山分為六股，
兄弟二人占一股，栽手在外；上一塊，上凭杉木路盤為界，下凭本人山，左凭
姜朝元，右凭華周為界，此山分為三股，兄弟二人占一股，凭中出賣與
加池寨姜廷德名下承買為業，當日凭中議定價銀弍拾一両整，其
領回應用。其山自賣之後，恁從買主修理管業，賣主兄弟不得
異言。倘有不清，賣主理落，不干買主之事。今欲有凭，立此存照。

凭中　六沤　保義
代筆　姜紹畧
宗堯

嘉慶十二年　十二月　廿四日　立

# 姜今保皆于杉木断卖约

立断卖杉木约人本寨姜今保。为因理用度[①],自原(愿)将杉木山场乙块,坐落土名皆于[②],姜保柳乙股在外。其有界至上凭领(岭),下凭半波(坡),左凭冲,右凭冲,四至分明。卖与姜廷德承买为业。当日三面议定价银壹两贰钱整。不古人心,买主修理。长大日后发卖之时,三股均分,不得异言。恐口无凭,立此断卖杉木山场文约子孙永远存照。

代笔　姜老玉

嘉庆拾叁年二月十三日　　立

①为因理用度,原契掉了“生”字,应为“为因生理用度”,意为因做木材生意需用钱的缘故。生理系指从事木材生意。

②皆于,苗语译音,意为杨梅树下边。

立斷賣杉木約人本寨姜
今保為因理用度自願將杉
木山場乙堀坐落土名皆於
姜保柳乙股在外其有界
至上憑顧下憑半波右憑
冲右憑冲四至分明賣與
姜廷德承買為業當日三
面議定價銀壹兩弍錢整
不古人心買主修理長大日
后發賣之時三股均分不得
異言恐口無憑立此斷賣杉
木山場文約子孫永遠存照

代筆 姜老玉

嘉慶拾叁年二月十三日 立

# 姜安保筲沮滈杉木卖断契

立断卖杉木约人本寨姜安保。为因家下缺少银用,无从得出,自愿将到其杉山贰块,坐落土名皆筲沮滈。其杉山贰块分为六大股,姜保安名下占叁股,出卖与 姜廷德名下承买为业。当日凭中议定价银九钱整,亲手领回应用。其杉山自卖之后,任从买主修理管业,拘(俱)在卖主理落之事,日后不得异言。如有异言,今恐无凭,立此断约远永存照。

代笔　姜世琏

嘉庆拾肆年贰月初五日　　立

立断賣杉木約人本寨姜安保為因家下缺少銀用無從得出自愿將到其杉山貳塊坐落土名皆背沮滈其杉山貳塊分為六大股姜安保名下占叁股出賣與　姜廷德名下承買為業当日憑中議定價銀九錢整親手領回應用其杉山自賣之后任從買主修理管業拘在賣主之事日后不得異言如有異言今恐無憑立此斷約遠永存照

代筆姜世琏

立

嘉慶拾肆年貳月初五日

# 姜廷仕劳榜杉木卖契

立卖杉木山场约人文斗寨姜廷仕。今因缺少银用，自愿将到自己亲手栽杉木壹块、土名坐落劳榜[1]。其木分为四股，廷华占乙股，廷荣占二股。凭中说合，将本名乙股出卖与廷德名下为业。当日三面言定时值价银玖两叁钱。其有价银当日交足，不欠分厘，所买所卖二彼（比）情愿，固无公私相逼，亦无包霸他人物业等情。其有界限：上凭田，下凭河，左凭岭，右凭冲，四址分明，并无混杂。其有木植日后长大□□□□□□□□□。自卖之后，任从买主修理管业，卖主不得异言。其来路不明，卖主□□□□，□□□□之事。今恐无凭，立此卖约存据。

凭中人　姜老新

代笔人　鲁佐臣

嘉庆拾肆年伍月十乙日　　立

万倍利益

①劳榜，苗语译音，意为来得急陡像射出来一样的山岭，在加池靠近文斗方向2.5公里处。

立賣杉木山場約人文斗寨姜廷仕今因缺少銀用自願將到自己親手
栽杉木壹塊土名坐落蒡榜其木分為四股廷華占一股廷榮占二
股憑中說合將本名一股出賣與
廷德名下為業當日三面言定將值價銀玖兩叁錢其有價銀
當日交足不欠分厘所買所賣二彼情愿同無分私相逼亦無包
單他人物業等情其有界限上憑田下憑河左憑嶺右憑冲四抵
分明並無混雜其有大植日後長大　日幸之後任從
買主修理管業賣主不得異言其來路不明賣主　千當
之事今恐無憑立此賣約存據

憑中人姜光新
代筆人曾位臣

嘉慶拾肆年伍月十七日　立

萬倍利鎰

# 张必龙培九杉木卖契

立卖契人会同县[1]张必龙。今因缺少银用,自愿将栽手所佃到姜廷华之山,栽养杉山。其山土名培九,其有界限:上凭田,下凭文德杉山,左凭廷炳,右凭廷炳,四址界限明白。请中出卖与姜廷德名下为业。当日凭中三面议定接授(受)价银四两整。其艮立契之后一并交足,不欠分厘。所买所卖,二(比)情愿,固无公私逼,亦无包霸他人物业等情。其木分为二股,地主占一股,栽手占一股,二彼(比)无得争竞。恐后无凭,立此卖契为据。

立契人　张必龙弟兄
凭中人　杨明才
代笔人　鲁佐臣

嘉庆拾肆年十月廿二日　　立

契清价楚

①会同县,指今湖南省会同县。

立賣契人會同縣張必龍今因缺少銀用自愿將栽手所佃到姜廷華之山嶺
養杉山其山土名培九其有界限上憑田下憑文德杉山左憑廷炳右憑廷炳四址
界限明白請中出賣與
姜廷德名下為業當日憑中三面議定接授價銀四兩整其艮立契之日一併
交足不欠分厘所買所賣二彼情愿因無公私逼亦無包攔他人物業等情其
木分為二股地主占一股栽手占一股二彼無得爭競恐后無憑立此賣契為據

立契人張必龍弟兄
憑中人楊明才
代筆人曾位臣

嘉慶拾肆年十月廿二日　立

契　清　便　楚

# 姜美保党东等处杉木卖契

立卖杉木约人本房姜美保。为因年岁饥荒，缺少口粮，无处得出，自己愿将杉木二块，坐落地名党东①、冉皆什②二处，党东分为柒股，栽手占乙股，地株③占六股，美保名下乙股。又冉皆什分为三大股，美保占乙股，共总二处，当面出卖与姜廷德名下承买为业，凭中议定价银二处共银二两整，恁凭银主管业，日后不得异言。今(恐)无凭，立此卖契存照。

凭中　姜所俨

代笔　姜知琏

嘉庆拾伍年正月十三日　　立

①党东，苗语译音，意为山腰间长满芭茅草的窝状台地，在加池寨脚半坡。

②冉皆什，苗语读为“冉该锡”，意为加池寨脚山岭，山岭下半部分已被三板溪电站水库所淹。

③地株，系“地租”之别字，指杉木的土地股，是相对于杉木的劳力股(即“栽手”)而言，也称之“地主”或“土股”。地租比例的多少，与山场的远近、是否近河或有无洪道以及土质优劣等因素有关。

立賣杉木約人木房姜英保為因年歲飢荒缺少口粮無處得出自己願將杉木二塊坐落地名党東冲皆什二處党東分為柒股我手占山股地株占六股姜保名下山股又冉皆什分為三大股姜保占山股共總二處當面出賣與姜遇總名下承買為業憑中議定價銀二兩共銀弍錢整親領銀主賣主日后不得異言今欲有憑立此賣契存照

憑中 姜廷儀

代筆 姜紹懷

嘉慶拾伍年正月十一日 立

## 姜廷华等番乔乌山场杉木卖契

立卖山场杉木约人文堵寨姜廷华、保金、廷泗三人。为因家下缺少度用，无出，自己请中问到，情愿将到山场杉木地名番乔乌[1]，上凭田，下凭范德华木为界，左凭岭，右凭冲，四至分明。凭中出断卖与加池寨姜廷德婊(表)兄名下承买为业。当日凭中议定价银肆拾二两整，亲手领回应用。其山杉自断之后，恁从买主修理畜(蓄)禁管业，卖主房族兄弟不得争论。其有来历不清，俱在卖主上前理落，不干买主之事。今恐人姓(信)难凭，立此卖契一纸远永发达存照。

凭中　族弟姜廷荣

笔中　龙飞池

嘉庆十伍年二月十二日　　立

①番乔乌，苗语译音，意为抢劫木客的溪边，在距加池西南3公里的清水江南岸，现已被三板溪电站水库淹没。

立賣山塲杉木約人文堵寨姜廷華、保金、廷泗三人為因家下缺少度用，無出，自己請中問到，情愿將到山塲杉木，地名番喬烏，上凭田，下凭范德華木為界，左凭嶺，右凭冲，四至分明，凭中出斷賣與加池寨姜廷德姨兄名下承買為業。當日凭中議定價銀肆拾二兩整，親手領回應用。其山杉自斷之後，恁從買主修理蓄禁管業，賣主房族兄弟不得爭論。倘有來歷不清，俱在賣主上前理落，不干買主之事。今恐人性難凭，立此賣契一紙，遠永發達存照。

凭中族弟　姜廷榮

筆中　龍飛池

嘉慶十伍年二月十二日　立

# 姜老凤等眼居牛油山断卖契

立断卖油山约人本寨姜老凤廷珍、姜老上、侄子姜庚乔四人。今因家下缺少银用，无从得出，所有共油山乙块，坐落地名眼居牛[1]，左凭岭，右凭冲，上凭路，下凭登文油山为界，四至分明。分为五股，姜老凤廷珍、老上、庚乔四人四股出卖与姜廷柄、姜廷德二人名下承买为业。当日三面议定价银九两六钱整，亲手领回应用。自卖之后，任从买主耕种为业，卖主不得异言。如有来路不明，俱在卖主理落，不与买主之事。恐口无凭，立此卖断约存照。

凭中　老兄姜绍周

代笔　姜通文

嘉庆十五年五月初五日　　立

廷炳卖与本家了，他无分[2]。

①眼居牛，又写作“冉居扭”，苗语读音为“rǎn jū niào”，意为树木遮天蔽日、经常发出锣鼓般声音的陡险尖岭。在加池寨脚3公里处清水江右岸，现已被电站水库所淹。牛，也写作“扭”字，苗语为险要之意。

②此行字系后人所写。

五凼賣油山約人本寨姜老鳴廷珍姜老上姪子姜庚喬四人今因家
下缺少銀用無從得出所有共油山乙塊坐落地名眼若
牛左憑嶺右憑冲上憑路下憑登文油山為界四至
分明分為五股姜老鳴廷珍老上庚喬四人四股出賣與
姜廷柄姜廷德二人名下承買為業當日三面議定價銀
九兩六分整親手領回應用自賣之後任從買主耕
種為業賣主不得異言如有來路不明俱在賣主
理落不與買主之事恐口無憑立此賣斷約存照

廷炳賣與本家了也無分

憑中老兄姜熙周
代筆姜通文

嘉慶十五年五月初五日立

## 范述尧等乌己山场杉木断卖契[①]

立断卖山场杉木约人堂兄范述尧、堂弟范绍政兄弟二人。为因家中缺少艮用,无从得出,自愿将到山场杉木乙块,地名坐落乌己[②],上凭岭,下凭大冲,左右凭冲。此山分为四大股,兄弟二人占乙股。凭中卖与堂弟范承尧名下承买为业。凭中议定价艮乙十六两,亲手收回应用。其山场杉木自卖之后,恁凭买主修理管业,卖主不得异言。今恐无凭,立此断约存照。

凭 中 范宗尧

范锡畴 笔

嘉庆十五年八月初六日 立

①此契是110页“范承尧乌己山场杉木断卖契”的上手契。

②乌己,又写作“乌计”“污计”“乌几”,苗语译音,意为狭窄的小水冲,在加池西偏南5公里处清水江右岸,在加池塘南岸,已被电站水库淹没。

立斷賣山場杉木約人堂兄范述堯堂弟范紹政兄弟二人為因家中缺少艮用無從得出自願將到此塲杉木乙塊地名坐落烏巳上凭嶺下凭大冲左右凭冲此山分為四大股兄弟二人占乙股凭中賣與堂弟范承堯名下承[illegible]買為業凭中議定價艮乙十六两又親手收回應用其山塲杉木自賣之後任凭買主修理管業賣主不得異言今恐無凭立此斷約存照。

凭中范宗堯

范錫疇筆

嘉慶十[illegible]年八月初六日　立

## 范文浩白周山场杉木断卖约

立断卖山场杉木约人岩湾寨范文浩。今因缺少艮用,无出,自愿将到山场杉木乙块,土名白周[1],其木分为二什四股,本名占乙股,出卖与加什寨姜廷得(德)名下承买为业。当日凭中议定价艮十七两二钱正,亲手收回应用。其木至卖之后,买主修里(理)管业,卖主不得异言。如有此清(情),不干买主之事。今恐无凭,立此卖约存照。

范文绣　笔

外批:界至,上凭田,下凭田,左凭冲,右凭文珍为界,四至分明。

嘉庆年十五年十二月十七日　　立

①白周,又写作"培绍",苗语读"bái zào",意为老虎出没的山坡,在加池寨脚。

立断賣塲山杉木約人岩湾寨范文浩今因缺少艮用無出自
愿將到塲山杉木乙塊土名白岗其木分為二什四股本名占乙股出賣
與加什寨姜廷得名下承買為業當日憑中議定價艮十七两二錢正親手
收回應用其木至賣之后買主修里會業賣主不得異言如有此清
不干買主之事今恐無憑立此賣約存照

外批界至上憑田下憑田左憑冲右憑文珍為界四至分明

范文繡筆

嘉慶十五年十二月十七日 立

# 姜国英乌几山场杉木断卖契

立断卖山场杉木字人文斗寨姜国英。为因要银使用,自愿将到地名乌几,此山地株分为十六股,本名占壹股。出卖与家池寨姜廷德名下承买为业。当日凭中议定价银贰两,亲手收用。其山自卖之后,恁凭买主修理管业,卖主不得异言。今欲有凭,立此卖约存照。

外批:此山之界上凭顶,下凭宏仁,左凭岭,右凭冲,四至分明。

凭中　姜胜华

代笔　姜开甲

嘉庆拾六年二月二十四日　　立

立断賣山塲杉木字人文斗寨姜国英為因要銀使用自愿將到地名烏晚

此山地株分為十六股本名占壹股出賣與家池寨

姜廷德名下承買為業當日憑中議定價銀弍兩親手收用其山自賣之

後係憑買主修理管業賣主不得異言今欲有憑立此賣約存照

外批此山之界上憑頂下憑岩石左憑嶺右憑冲四至分明

憑中姜騰華

代筆姜開甲

嘉慶拾六年十二月廿四日 立

# 杨通经弟兄假𡛶中节山杉木卖契

立断卖杉木契人南孟寨[1]杨通经弟兄。为因要艮用度，无处所出，母子商议，自愿将到杉木壹块，土名假𡛶[2]中节山。此山界至：上凭盘路以岩洞上为界，下凭黎家之山以凹颈[3]小岭以下犁颈嘴[4]为界，左右凭大冲，四处分清。其木分为二大股，地主占一大股，栽手占一大股。地主分一大股分为二小股，龙兴文占一股，杨通经弟兄占一股。请中度卖与加池寨姜廷方、廷德名下为业。当日议定断价艮十三两三钱，亲手收足，并无缺少。自卖之后，恁从姜姓买主修理管业，卖主房族弟兄父子不得异言。倘有不清，俱在卖主上前理落，不关买主之事。恐后无凭，立此断卖字约为据。

凭中　叔杨正太

母田（舅）龙有才

代笔　外公龙腾贵

嘉庆十六年四月十三日　　立断

①南孟寨，即今贵州省剑河县南加镇南孟村，在加池清水江的上游，距离约12公里。

②假𡛶，苗语译音，意为蕨菜坡。

③凹颈，锦屏方言，指山梁的过峡部位。

④犁颈嘴，指山梁下边尾部，因似三角犁嘴而得名。

立斷賣杉木契人劉垂叢楊通經弟兄為因要錢用度無從所出自
己商議自愿將到杉木壹塊土名假耕中節山此山界至上憑盤路
岩洞上為界下憑黎家王山以山頭小嶺以下領頸嘴為界左右憑大
冲四邊分清其木分為三大股地主占一大股栽手占一大股地主分一大股
分為二小股龍興文占一股楊甩統弟兄占一股請中處賣與加池寨姜
廷方廷德名下為業當日議定斷價艮十三兩三錢親手收足並無欠
少自賣之后憑從姜姓買主修理管業賣主房族弟兄叔子不得異言
倘有不清俱在賣主上前理落不關買主之事恐后無憑立此斷賣
字約為據

憑中叔楊正太
胡川龍有才
代筆外公龍騰霄

嘉慶十五年四月十二日立斷

# 龙飞池之石山场杉木断卖契

立断卖山场杉木约人文斗寨龙飞池。为因缺少艮用,无出,自己将到之石山场杉木乙块,上凭坟山,下凭大河,左凭姜弘道为界,右凭下文斗姜兴周为界,四至分明。分为四拾九两二钱乙分七厘,名下[1]所占六两五钱八分半之山杉出卖与加什寨姜廷德兄名下承买为业。当日凭中议定价银柒两陆钱整,亲手领回收用。其山杉自断之后,恁从买主子孙管业,卖主不得番(翻)悔异言。口说无凭,立断卖契存照。

亲笔

凭中　吴应六

外批:此山栽手姜士和荣二人所栽栽手沾(占)二股,地主沾三股。日后(照)股均分,不得混集[2]。

嘉庆十六年六月二十一日　　立

①加池、文斗一带旧时书写契约文书时"名下"指自己。

②集,系繁体"杂"字之误。

立斷賣山場杉木約人文斗寨龍飛池為因缺少良
用無出自己將到之石山場杉木山塊上憑墳山下憑
大河左憑姜弘道為界右憑下文斗姜與周為界
四至分明分為四股占兩二股山下七飛名下計銀六兩五分八釐立杉
出賣與加什寨姜廷德兄名下承買為業當日憑中議
定價銀柒兩陸分整親手領回收用其山杉自斷之後
憑從買主子孫管業賣主不得悔異言口說無憑立斷
賣契存照

親筆
憑中 吳應六

外批山栽手姜士和宗二人計栽手占一股地主占二股日后股均分不得混
集
嘉慶十六年六月二十一日 立

# 龙廷彩之石山场杉木断卖契

立断卖山场杉木约人文斗寨龙廷彩。为因缺少艮用,无出,自己将到之石山场杉木乙块,上凭坟山,下凭大河,左凭姜弘道为界,右凭下文斗兴周为界,四至分明。分为四拾九两二钱乙分七厘。名下所占三两二钱九分二厘之山杉,出卖与加什寨姜廷德兄名下承买为业。当日凭中议定价艮三两七钱五分正,亲手领回收用。其山杉自断之后,恁从买主子孙管业,卖主不得异言。口说无凭,立断约存照。

凭中　吴应六

外批:此山栽手占二股,地主占三股。

嘉庆十六年六月二十一日　亲笔

立斷賣山場杉木約人文斗寨上龍廷彩為因缺少銀用無出
自己將到土名山場杉木乙塊上憑墳山下憑大河左憑姜
弘道為界右憑下文斗與國為界四至分明分為拾九股
二分下七厘名下所占三兩二錢九分二厘之山杉出賣與加池
寨姜廷德兄名下承買為業當日憑中議定價銀三兩
五分正親手領回收用其山杉自斷之後任從買主子孫管
業賣主不得異言口說無憑立斷約存照

外批此山栽手占二股地主占三股

憑中 吳□□

嘉慶十六年六月二十一日　　親筆

# 姜廷华兄弟之石山场杉木断卖约

立断卖山场杉木约人文堵寨姜廷华、姜廷荣兄弟二人。为因家下缺少银用，无出，自愿将到山场杉木乙块，土名之石，上凭坟山，下凭河，左凭姜洪道，右抵下文堵姜朝瑾，四至分明。其山合价四拾九两八钱乙分半，二人名下沾（占）六两五钱八分半。凭中出卖与姜廷德名下承买为业。当面议定价艮柒两陆钱整，亲手领回应用。其山自卖之后，恁□买主子孙管业，卖主不得翻悔异言。今欲有凭，立此卖契一纸永远存照。

外批：此山姜士荣、姜士和二人栽手，地主沾（占）三股，栽手沾（占）二股。

凭中　龙飞池

度中　吴映六

嘉庆十六年六月二十伍日　　立

立断賣山場杉木約人文堵寨姜廷華姜廷榮兄弟二人
為因家下缺少艮用無出自愿將到山場杉木山塊土名之石上
憑墳山下憑河左憑姜洪道右抵下文堵姜朝瑾四至分明其山
合價四拾九兩八分八分半二人名下占六兩伍分八卜半憑中出賣與
姜廷德名下承買為業當面議定價艮柒兩陸錢整親手領應
用其山自賣之後任憑買主子孫管業賣主不得翻悔異言今
欲有憑立此賣契一紙永遠存照

外批此山姜士榮士和二人栽手地主占二股栽手占二股

筆中 龍飛池
庚中 吳映六

嘉慶十六年六月二十伍日 立

# 姜廷荣等皆怀杉木山场断卖契

立断卖杉木山场约人文斗寨姜廷荣。为因家中用度缺少银用,无处所出,自愿将到杉木山场一块,坐落地名皆坏[①],其木分为二大股,廷荣名下占一股,其有界至:上凭田,下凭河,右凭岭,左凭冲,四至分明。请中出卖与加池寨姜卧奉、僅奉名下承买为业。当日凭中议定价银拾八两五钱正,亲手收回应用。自卖之后,任从买主上山修理管业,日后不得异言。倘有异言,俱在卖主上前理落,不与买主何干。今恐无凭,立此断约为据。

凭中　吴应陆

代笔　姜廷宗

嘉庆拾陆年十二月初四日　　立

①皆坏,实为"皆怀"之误,又写作"皆排",苗语意为盘路下边的山坡,在加池寨脚,现已被三板溪电站水库所淹。

立断賣杉木山場约人文斗寨姜廷榮為因家中用度缺少銀用無処所出自願將到杉木山場一塊坐落地名皆壞其木分為二大股廷榮名下占一股其有界至上凭田下凭河右凭嶺左凭冲四至分明請中出賣與加池寨姜臥奉名下承買為業当日凭中議定價銀拾八兩五錢正親手收回應用自賣之後任從買主上山修理管業日後不得異言倘有異言俱在賣主上前理落不與買主何干今恐無凭立此断约為據

凭中吴應陞

代筆姜廷宗

嘉慶拾六年十二月初四日立

# 姜廷香柳王食等杉木山场断卖契

立断卖杉木山场约人本房姜廷香。今因要银用度，无处所出，情愿将到柳王食①一块分为二股，廷香名下占一股；又将讲□冲头一块，分为四股，廷香名下占三股；又将该老脚②一块，分为四股，廷香名下占一股；又将污在丹③一块，分为八股，廷香名下占一股；又将倍书④一块，分为三股，廷香名下占一股。一共五处，出卖与姜廷德名下承买为业。当日凭中三面议定价艮十五两五钱，入手领回应用。自卖之后，任凭买主上山修理管业，日后不得异言。倘有不清，俱在卖主理落，不与买主之事。今恐人心不古，立此断约存照。

凭中书笔　姜廷炳〇（押）

嘉庆十七年正月三十日　　立约

①柳王食，苗语译音，意为险陡的尖岩岭。在乌什溪下左边，现已被三板溪电站水库所淹。

②该老脚，又写作“皆楼脚”、“皆料脚”，苗语译音，意为甜竹坡下边，在加池寨脚半坡。

③污在丹，又写作“乌在丹”、“污再丹”等，苗语意为寨脚很窄的溪冲，在加池寨左下边，靠清水江，已被水库淹没。污，指水；在，指屋或寨子；丹，指大或明显、突出。

④倍书，又写作“培粟”，苗语译音，意为箬竹坡。

立断賣杉木山場約人本房姜廷香今因要銀用度無処出情愿將到柳玉食一塊分為二股廷香名下占一股又將衝頭一塊分為四股廷香名下占三股又將培老鄉一塊分為四股廷香名下占一股又將污在丹一塊分為八股廷香名下占一股又將修畫一塊分為三股廷香名下占一股共五処出賣與姜廷德名下承買為業當日憑中三面議定價銀廿十五兩五分親手領回應用自賣之後任憑買主上山修理管業日后不得異言倘有不清俱在賣主理落不與買主之事恐后人心不古立此斷約存照

憑中代筆姜廷炳〇

嘉慶十七年正月三十日

立約

# 范文机乌定山场杉木卖契

立卖山场杉木并土约人岩湾寨[①]范文机。为因缺少艮用，无出，自愿将到坐落地乌定[②]杉山乙块，上凭老中之木，下凭河，左凭文渚之木，右凭玉连之木，四至分明。凭中出卖与加池寨 姜廷德名下承买为业。当日议定价艮七两二钱正，亲手收回应用。其杉山自卖之后，任从买主修理管业，卖主兄弟不得异言。今欲有凭，立此卖约存照。

外批：栽手在内[③]。

陈名儒

凭中　范德贵
　　　　玉连

嘉庆十七年五月廿四日亲笔　　立

①岩湾寨，加池邻村，位于加池寨东北面清水江右岸，距离加池约 4 公里。分岩湾、九榜两个自然村，岩湾为主寨，九傍为子寨。岩湾均为范姓，九傍多为杨姓。2013 年有 141 户，603 人。

②乌定，又写作“污近”，苗语意为小溪。旧时加池读音“近”、“定”不分。

③栽手在内，指范文机出卖的乌定山场除包含有其本人的劳动股外，应还有其他人的地租或劳动股份，此份契约交代不清。

立賣山場杉木並土約人岩灣寨范文机為因缺少艮用
無出自願將到坐落地名岂定杉山乙塊上憑老中之山下憑祠左
憑文渚之木右憑玉連之木四至分明憑中出賣與姚池寨
姜廷德名下承買為業當日議定價艮乙兩六分正親手收回應用
其杉山自賣之后任從買主修理管業賣主兄弟不得异言
今欲有憑立此賣約存照

外批栽手在内

陳名儒
德貴
憑中范玉連

嘉慶十七年五月廿四日親筆立

## 吴文相之十杉木山场断卖契

立卖杉木山场约人文堵寨吴文相。为因家下缺少艮用,无出,自己将到杉木山场乙块,土名之十,上凭顶,下抵大河,左抵姜洪道,右抵姜朝琦,四至分明。凭中出卖与加池寨姜廷德名下承买为业。凭中议定价银乙两贰钱正,亲手收回家用。其山杉恁从买主管业,卖主不得异言。口说无凭,立此卖字永远存照。

凭族人　口(吴)映六

代笔　郝飞池

外批:其山共计四十九两[1],名下占乙两乙钱七分出卖。

嘉庆十七年七月十一日　　立

①四十九两,指四十九股。

立賣杉木山場約人文堵寨吴六文相為因家下缺少艮
用無出自己將到杉木山場一塊土名之十上沖頭下抵
大河左抵姜洪道右抵姜朝璃四至分明凭中出賣
與姜池宗姜廷德名下承買為業凭中議定價銀
[illegible]兩貳分正親手收回家用其山杉木凭從買主管業者
[illegible]不得異言口說無凭立此賣字一紙永遠存照

凭族人口 吴六
代筆 姜飛池

外批共計四十九兩名下占山及山分也凡出賣

嘉慶十七年七月十一日 立

# 姜德宗等眼在丹山场断卖契

立断卖山场约人本寨姜德宗、姜成周、姜通文弟兄。今因家下缺少银用，无从得出，自愿将到眼在丹[①]共山乙块，左凭冲，右凭岭，下凭冲，上凭栽岩为界，四至分明。八股之山，德宗弟兄三人名下占一股，出卖与姜廷德名下承买为业。当日三面议定价银三两整，亲手领回应用。其山自卖之后，任从买主耕管为业，日后卖主不得异言。如有来路不明，俱在卖主理落，不与买主之事。一卖一了，父断子休。恐口无凭，立此卖断约子孙存照。姜德宗方平(荒坪)步生卖与姜廷德，议定价银乙钱整。

内添二字。

姜通文　亲笔

嘉庆十七年七月廿七日　　立

①眼在丹，又写作“冉再丹”、“冉在丹”，苗语意为寨子下边突出的山岭，在加池寨脚半坡，现已被三板溪电站水库淹没。冉，即山岭之意；在，居屋之意；丹，音“diān”，意为大或突出。

立断賣山場約人本寨姜德宗 姜成周 姜通文 弟
兄兮因家下缺少銀用無從得出自願將到眼查
冊共山一塊左憑沖右憑嶺下憑沖上憑戴岩為界四
至分明此山股之山德宗弟兄三人名下占一股出
賣與姜廷德名下承買為業當日三面議定價
銀三両整親手領回應用其山自賣之后任從
買主耕管為業日後賣主不得異言如有來
路不明俱在賣主理落不與買主之事一賣
一了父斷子休恐口無憑立此賣斷約子存
照 姜德宗方平姜生賣與姜廷德錢定價銀乙両整

內添二字

姜通文親筆

嘉慶十七年七月廿七日 立

# 姜廷元贯训红口山场杉木断卖契

立断卖山场杉木人文斗寨姜廷元。为因家中缺少银用，自愿上门将南石溪[1]土名贯训红口[2]，右凭红口，左凭朝英为界，下凭廷柱为界；下团乌石溪边，右凭红口，左凭冲，上凭四荣，下凭溪。二团四至分明。出断与加池寨 姜廷德为业。当面议定断价银叁拾柒两正，亲手领回应用。其木自断之后，任从买主管业修理，卖主不得异言，凡弟兄族人一切不得异言。如有异言，俱在卖主理落，不关买主之事。一卖一休。恐后无凭，立此断字永远为据。

外批：杉木三股，地主占二股，栽手占一股。

凭中　姜廷华

代笔　陈酌华

嘉庆拾柒年十月初七日　　立

①南石溪，在乌什溪下边。

②贯训红口，贯训，又写作贵顺，是连接两座山岭的狭窄山嵴；红口，从山上放木材的滑漕顶端。贯训红口在加池西南方向3公里处清水江右岸。

立斷賣山場杉木人文斗寨姜廷元為因家中缺少銀用自愿上门將南右溪土名貫訓紅口右涜紅口左涜朝英為界下涜廷柱為界下團烏石溪邊右涜紅口左涜冲上涜四荣下涜溪二團四至分明出斷賣與加池寨姜廷德為業當面議定斷價銀叁拾柒兩正親手領回應用其木自斷之後任從買主管業修理賣主不得異言凡弟兄族人一切不得異言如有異言俱在賣主理落不與買主之事一賣一休恐後無憑立此斷字永遠為據

外批杉木三股地主占二股栽手占一股　涜中　姜廷華

代筆　陈酌華

嘉慶拾柒年十月初七日立

# 龙绍昌番过舜等处杉木山场断卖契

立断卖杉木山场约人龙绍昌，为因家中缺少，自愿将到番过舜杉木乙块，上凭岭红口，下凭冲嘴草坪，左凭冲，右凭冲。此杉木分为五股，地主占三股，栽手占贰股，绍昌栽手，乙股出卖；又将皆板乌慢[1]山场杉木乙块，上凭路，下凭溪，左凭岭，右凭盘路至溪为界。其山分为五股，绍昌占乙股；又将培格[2]山场杉木乙块，上凭顶，下凭田，左凭岭，右凭岭，四至分明。凭中出卖与姜廷德名下承买为业。当日实受过价银贰两四钱正，亲手收回。其山自卖之后，恁从买主修理管业，卖主弟兄族人不得异言。今恐无凭，立此卖约乙纸，永远为据。

外批：内涂乙字。培格山内杉木六根在外。内添二字。

凭中　姜廷炳

依口代笔　杨枝华

嘉庆十七年十二月二十四日　　立

①皆板乌慢，苗语译音，意为乌漫溪边盘坡脚。

②培格，其他文书也写为“培介”，苗语意为松树坡或松树盘。“培”苗语意为坡或盘路；格，苗语原意为用于引火的带油松树块，这里指松树。

立断賣杉木山塲約人龍紹昌為因家中缺少
自愿將到番过舜杉木乙塊上憑嶺紅口下憑
冲嘴草坪左憑冲右憑冲此杉木分為五股
地主占三股栽手占弍股紹昌栽手乙股出賣又
將皆板烏慢山塲杉木乙塊上憑路下憑溪左憑
嶺右憑盤路至溪為界其山分為五股紹昌占乙股
又將培格山塲杉木乙塊上憑[illegible]頂下憑田左憑
山嶺右憑嶺四至分明憑中出賣与
姜廷德名下承買為業當日實受过價銀弍
兩四錢正親手收回其山自賣之後任從買主
修理管業賣主弟兄族人不得異言今恐無
憑立此賣約乙紙永遠為據

外批内塗乙字培格山内
杉木六根在外内添二字

憑中姜廷炳
依口代筆楊枝華

嘉慶十九年十二月廿四日　立

# 姜廷华父子家野赊山场杉木断卖契

立断卖山场杉木约人姜廷华父子。为因家下缺少，自愿将到地名家野赊[1]山场杉木乙块，上凭路，下凭岩梁，左凭岭，右凭冲，四至分明。其山分为五股，本名占乙股。今将乙股出卖与姜廷德名下承买为业。当日凭中实受过价银叁两正，亲手收回。其山自卖之后，恁从买主修理管业，卖主不得异言。今恐无凭，立此断约为据。

凭中　姜廷炳

依口代笔　杨枝华

嘉庆十七年十二月廿四日　　立

①家野赊，苗语译音，意为漆树坡。家，苗语指药材；赊，苗语有两意，一意为臭腥，一意为漆树，在此指漆树。

立断賣山場杉木約人姜廷華父
子為因家下缺少自愿將到地名
家野䖏山場杉木一塊上凭路下凭岩
梁左凭嶺右凭冲四至分明其山
分為五股本名占一股今將一股出
賣與
姜廷德名下承買為業当日凭中
定價銀叁兩正親手收回其
山自賣之後任從買主修理管業
賣主不得異言今恐無凭立此断
約為據

凭中姜廷炳

依口代筆楊枝華

嘉慶十九年十二月廿四日　立

# 姜包柳甘也今初杉木卖契

立卖杉木约人姜包柳[1]。为因缺少银用,无出,自愿将到地名甘也今初[2]杉木乙块,上下凭田,左右凭廷德杉木。此杉木分为三股,本名占乙股,出卖与姜廷德名下承买为业。凭中议定价银七两整,亲手收足。其杉木自卖之后,任从买主修理蓄禁,卖主子侄不得异言。今欲有凭,立此卖约为据。

凭中　姜廷炳

笔中　杨枝华

嘉庆拾捌年四月十九日　　立

①包柳,苗语音为“雹溜”,包,苗语意为宝贝儿子;柳,苗语意为大。包柳,系对第一个儿子的昵称,可译为“大宝崽”等。

②甘也今初,又写作“皆也今初”、“皆野轻初”、“皆里贞初”、“皆也今粗”等。苗语译音,意为陡阶大田坎脚,在加池寨脚400米处。

立賣杉木約人姜包柳為因缺少銀用無出自愿將到地名甘也今
初勒木一塊上下憑田左右憑廷德杉木此杉木分為三股本名占一
股出賣與
姜廷德名下承買為業憑中議定價銀乙兩整親手收足其杉
木自賣之後任從買主修理蓄禁賣主子侄不得異言
今欲有憑立此賣約為據

憑中姜廷炳

代筆楊枝華

嘉慶拾捌年四月十九日　立

# 姜成周等眼培太杉木断卖契

立断卖杉木约人本寨姜成周通文弟兄。今因家下缺少银用,无从得出,自愿将到杉木坐落地名眼培太,大小捌根,出卖与姜廷德名下承买为业,议定价银六钱整,亲手收回应用。其杉木自卖之后,恁从买主修理管业,日后卖主不得异言。如有来路不明,拘(俱)在卖主理落,不与买主之事。恐口无凭,立此卖断约永远存照。

亲手笔

嘉庆十八年五月廿日　　立

立断賣杉木約人本寨姜成周通文弟兄今因家下缺少銀用
無從得出自愿將到杉木坐落地名眼培太大小栩根山
賣與姜廷德名下承買為業議定價銀六分整親手收
回應用其杉木自賣之后任從買主修理管業日後
賣主不得異言如有来路不明均在賣主理落不與
買主之事恐口無憑立此賣断約永遠存照

親手筆

嘉慶十八年五月廿日　立

## 杨文泰父子江道冲杉木断卖契

立断卖杉木约人杨文泰父子。今因家要银用度,无从得处,自己愿将到杉木一块,坐下土名江道①冲头岭上,分为二大股,主家占一股,栽手占一股。又并培迷②一块,地主上占股,栽手占一股。二块栽手出卖与姜卧岭、景峰名下承买为业。当日凭中三面言定价银二两正,亲手领足。其杉木任从买主耕管修立为业,日后栽手不得易(异)言。一卖一子(了),父卖子休。今人不古,立断契为照。

凭中　起山

杨文泰亲笔

嘉庆十八年十月十四日　　立

①江道,读音“gāng dáo”,又写作“岗套”、“刚套”等,锦屏地区旧时读“江”字为“冈”音。江道,苗语意为罐子形顶上较平的山岗。江,指顶部呈圆形的山岭;道,指罐子或瓮。在加池西南面4公里处,清水江右岸,是该村旧时重要的林业生产地。

②培迷,苗语译音,指茶油树坡。迷,苗语意为油。

立断賣杉木約人楊文泰父子今因家要銀用度無従得処自己
愿将到杉木一塊坐下土名江邊冲頭蕭大分爲二大股主家占一股
栽手占一股又並培遠一塊地主上占股栽手占一股二塊栽手出賣
與姜廷嶺景峯名下承買爲業當日憑中三面言定價銀二兩
正親手領足其杉木任従買主耕管修立爲業日后栽
手不得易言一賣一了父賣子休今人不古立断契爲照

憑中 起山

楊文泰親筆

嘉慶十八年十月十四日 立

# 范锡畴伟包杉木山场断卖契①

立断卖杉木山场约人岩湾寨范锡畴。为因家下缺少艮,无从得出,自己将到杉木山场乙块,坐落地名伟包②地。此木分为三股,栽手占乙股,地主占二股。此地主之二股分为二十股,本名占乙股。此山界限:上凭佐周,下凭河,左右凭冲,四至分明。凭中出卖与 加池寨姜廷德名下承买为业。凭中议定价艮九两整,亲手收用。自卖之后,任从买主修理管业,卖主不得异言。倘有此情,俱在卖主理落,不干(买主)之事。今恐无凭,立此断卖字是实。

外批:伟包贰岭之山。内途(涂)二字。

凭中 范继承尧

亲笔

嘉庆拾八年十二月初十日 立

①此契于民国二年(1913 年)八月向贵州省财政司登记纳税。

②伟包,又写作"尾包",苗语译音,意为弯包过来的山岭,在清水江上游左岸,距加池约 4 公里,现已被三板溪电站水库淹没。

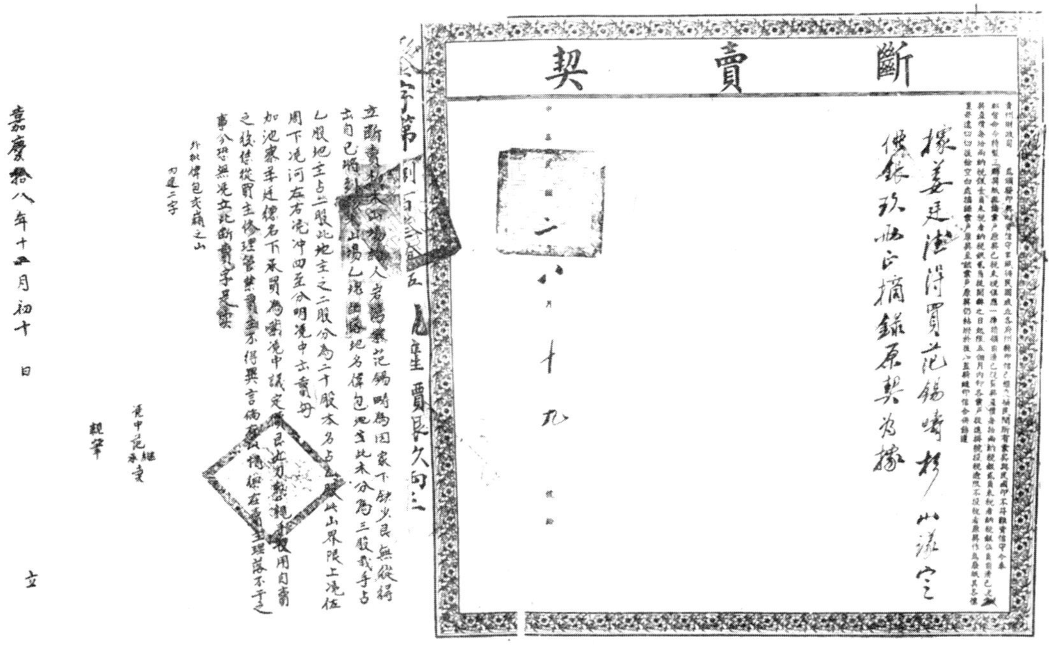

斷賣契

據姜廷德得買范錫疇杉山壹塊

價銀玖兩正摘錄原契為據

立斷賣杉木山場約人岩灣寨范錫疇為因家下缺少艮無從得

出自己將到山場乙塊地名得包地土此木分為三股栽手占

乙股地主占二股此地主之二股分為二十股本名占乙股此山界限上憑伍

周下憑河左右憑冲四至分明憑中出賣與

加池寨姜廷德名下承買為業憑中議定價艮兩整親手收用自賣

之後任從買主修理管業賣主不得異言倘有不清俱在賣主理落不干買

主之事今恐無憑立此斷賣字是實

外批得包弍塊之山

乃是二字

憑中范承堯

親筆

嘉慶拾八年十二月初十日 立

# 姜保柳父子培格杉木断卖契

立断卖杉木约人本房姜保柳父子。为因家中艰难，缺少粮食，无处所出，情愿将杉木乙团，坐落地名培格。此杉木下凭岩洞，左凭岩洞，右凭姜廷德之木，上凭岩洞为界，四至分明。凭中引到出卖与姜廷德名下承买为业。当日三面议定价银三两乙钱整，亲手领回其银，恁卖杉木。日后修理长大发卖[①]，不得异言。今恐人心不古，立断据乙纸为据。

凭中　姜美保

代笔　姜之琏

嘉庆拾九年润(闰)二月十四日　　立

①发卖，应为伐卖，指砍伐木材出卖。锦屏地区读“伐”字为“发”音，故有此误。

立斷賣杉木約人本房姜保柳父子為因家中艱難缺少粮食
無處所出情愿將杉木一團坐落地名培格岁杉木下凭岩洞右凭
岩洞右凭姜廷德之木上凭岩洞為界四至分明凭中引到出
賣與　姜廷德名下承買為業當日三面議定價銀三兩叁
親手領回其銀係賣杉木日后除理長大砍伐不得異言今
恐人心不古立斷契乙紙為據

凭中　姜美保
代筆　姜之連

嘉慶拾九年閏二月十四日　立

# 姜廷香再弟等山场杉木断卖契

立断卖山场杉木约人本房姜廷香。为因要银急用,无处所出,情愿将杉木山场坐落地(名)再弟,为分贰拾股,廷香名下占乙股。又将党周,分为八股,廷香名下占乙股。又地名刚套,分为四股,廷香名下占乙股。地名再(冉)皆笼[①],廷香本名全占乙团。地名污慢溪,分为八股,廷香名下占乙股。地名培格,分为五股,廷香名下占乙股。地名穷故笼,分为四股,廷香名下占乙股。壹共合七团,当凭中对面出卖与姜廷德名下。价艮拾贰两五钱正,亲手领回艮。兜卖土木[②]。日后发卖,不得异言。今恐无凭,立此卖契存照。

外批:穷也[③]山之木出卖与姜廷德管业,除土在外,分为二股。

凭中 姜廷炳
　　　　廷华

代笔 姜之琏

嘉庆拾九年润(闰)二月十四日　　立

①再(冉)皆笼,又写作"冉皆垄""眼皆笼"等,苗语译音,意为下节岭。笼,苗语读音为"lōng"。

②兜卖土木,指土地和林木一并出卖。

③穷也,又写作"穷里",苗语意为田冲。

立斷賣山場杉木約本房姜廷香為因要銀急用無處得出情願將杉木山場坐落地冲弟為分貳拾股廷香名下占乙股又地名黨周分為八股廷香名下占乙股又地名剛套分為四股廷香名下占乙股地名再皆麓廷香本名全占乙團地名污慢溪分為八股廷香名下占乙股地名培格分為五股廷香名下占乙股地名蔚故所龍分為四股廷香名下占乙股壹共合七團當憑中對面亲賣與 姜廷標名下 價銀拾貳兩五分正親手收回銀應蓄土木日後賣主不得異言今恐無憑立斷契存照

外批：背也山冲賣與姜廷德名下梯陀土在外分為二股

憑中 姜廷標
廷華

代筆 姜之璉

嘉慶拾玖年閏二月 十四日 立

# 龙现华污漫溪等杉木山场断卖契

立断卖杉木山场约人本寨龙现华。为因家下缺少银用,自己将杉木山场坐落地名污漫溪,分为三股,名下占乙股。又地名六百山,分为三十六股,名下占乙股。又地名翻排朋[①],分为三十六股,名下占乙股。又地名党秧[②],分为六股,名下占乙股。又地名番谷王[③],分为三十三股,名下占乙股。又地名皆在良[④],分为三股,名下占乙股。乙共六处,请中出卖与 姜廷德名下承买为业。当日凭中三面议定断价艮二十八两五钱正。自卖之后,任从买主下山修理管业,日后长大发卖,不许弟兄外人争论。恐口无凭,立此断约为据。

内添五字。

凭中 姜廷丙
　　 龙现彩

姜敦仁 笔

嘉庆十九年闰二月二十七日 立

①番排棚,又写作"番培棚",苗语译音,意为盘路反背坡,在党样寨脚,距加池约4公里。

②党秧,又写作"党样"、"堂养"、"党养"、"党央"、"党羊"等,即今锦屏县河口乡锦来村党样组,在加池村西面、清水江右岸,距加池约4公里,旧时系加池的重要林业生产区。党秧寨系在此佃种加池、塘东等寨山场的天柱等外地佃户聚居而成,现有住户40余户,有杨、宋、龙、姜4姓。党,加池苗语意为大山间的呈窝状的开阔平台地;养,苗语意为动物伏地欲跳跃之状。

③番谷王,苗语译音,意为公共大山(家族公共之山),在加池寨西南边1.5公里处。

④皆在良,苗语读"gāi zài ráng",意为老寨子下边,在党秧寨下边。

立斷賣杉木山場約人本寨龍現華為因家下缺少銀用
自己將杉木山場坐落地名沂浸溪分為三股名下占一股又地名六
百山分為三十六股名下占一股又地名番排朋分為三十六股名下占
一股又地名党扶分為六股名下占一股又地名番公王分為三十
三股名下占一股又地名皆在良分為三股名下占一股一共
六處請中立賣與
姜廷德名下承買為業當日憑中三面議定斷價艮
二十八兩五錢正自賣之後任從買主下山修理管業日後
長大發賣不許弟兄外人爭論恐口無憑立此斷約為據

內添五字

憑中 姜廷元
龍現甫

姜獻仁筆

嘉慶十九年閏二月二十七日 立

# 范承尧乌己山场杉木断卖契

立卖山场杉木约人岩湾寨范承尧。为因无银使用,自愿将到杉山乙块,地名坐落乌己。此山分为四大股,本名占乙股。上凭岭以木红为界,下凭溪,左凭冲,右凭冲,四至分明。请中出卖与家什寨姜廷德承买为业。当日议定价银叁十九两整,亲手收回应用。其杉山自卖之后,恁从买主修理管业,卖主不得异言。恐后无凭,立字为据是实存照。

内涂乙字。

凭中<br>代笔 范绍卿

嘉庆什(十)九年润(闰)贰月初九日　　立

立賣山場杉木約人岩隱寨范承堯為因缺銀使用自愿將到杉山乙塊地名坐落鳥巳趾山分為四大股本名占乙股上憑嶺以木組為界下憑溪左憑沖右憑沖四至分明請中出賣與家池什寨姜廷德承買為業當日議定價銀叁十九兩整親手收回應用其杉山自賣之后徭從買主修理管業賣主不得異言恐后無憑立字為據是實

存照

内涂一字

憑中代筆 范紹鄉

嘉慶什九年 閏貳月初九日 立

# 姜士周疸什山土主断卖契

立断卖山场土主契人文斗寨姜士周。今将到本名同通义等伙共山场一所，坐落地名疸什山[①]，上凭格翁[②]枫水坪[③]下，下抵大河，左凭姜佐兴山，右凭姜朝鼎之山，四至分明。此山分为五十两，本名应占五两贰钱五分栽手。上半节老奉栽，栽手、地主[④]五股均分。老奉占二股，地主占三股。下半节栽手、地主五股均分，地主占贰股，栽手占三股。今凭中出断与加池寨姜廷德名下承买为业。当日凭中议定断价银伍两叁钱，亲手收用。其山地木自卖之后，恁凭买主管业，卖主弟兄外人不得争论异言。如有此情，俱在卖主一力承当。今恐人心难凭，立此断卖土主存照。

凭中　韶霭村杨枝华
　　　文斗寨姜廷华

依口代书　韶霭村李荣魁[⑤]

嘉庆十玖年又二月廿一日卖主姜士周〇　立断

①疸什山，苗语意为十三两山。

②格翁，苗语读为"该瓮"，因村脚有一深塘而得名，在加池村正西面、清水江左岸，与加池相距约5公里。原居住河边，2005年因三板溪电站水库淹没之故，迁上原址后山。2013年有141户，612人。有范、彭、杨、薛、曾、匡、陆等8姓，以范姓人口较多。瓮，苗语意为深水塘。

③枫水坪，应为枫木坪。

④地主，指杉木的土地股份。

⑤李荣魁，韶霭村人，善言辩，常代人诉讼，时有"讼棍"之名，道光年间参与讼斗姚百万，并为要角。同时，还参与锦屏等清水江中下游林区"山客"（指林区小木贩）反对下游"水客"（指外地大木商）用掺铅低色银到林区购木坑害林农的斗争。

立断卖山场土主契人文斗寨姜士周，今将到本名同遹下我等叔共山场一所，坐落地名冲什山，上凭岭南枫木坪下，下抵大河，左凭姜佐兴山，右凭姜朝瑾之山，四至分明。此山分为叁两，本名应占五两贰钱，十二分截手。上半节老奉截，截手此地主五股，均分老奉占二股，地主占三股；下半节一截，截手地主五股，均分地主占贰股，截手占三股。今凭中出断与加池寨姜廷德名下承买为业，当日凭中议定断价银伍两叁钱，亲手收用。其山地木卖之后，凭买主管业，卖主弟兄外人不得争论異言。如有此情，俱在卖主一力承当。今恐人心难凭，立此断卖土主存照。——

凭中　韶霭村杨枝华
　　　文斗寨姜廷华

依口代书　韶霭村李荣魁

嘉庆十捌年又二月廿日　卖主姜士周　立断

## 范宗素南见山场杉木断卖契

立断卖杉木山场并土约人岩湾寨范宗素。为因要艮用度，无从得出，自愿将到杉木山场乙块，坐落土名南见[①]。此山分三大股，范宗素名下名占乙股，上凭芳（荒）田角为界，下凭德华，左凭宗治之木为界，右凭咸中为界，四至分明。请中问到于加池寨姜廷德名下承买为业。当日凭中议定价银拾两正，亲手收足应用。自卖之后，任从买主上山修理管业，卖主不得异言。倘有此情，俱在卖主一命[②]前当，不与买主之事。一卖一了，父卖子休，高坡衮（滚）石，有去无回。今恐人心不若古，立此断卖存照。

内添二字，内除（涂）一字。

代笔　范绍祥

凭中　玉连

嘉庆拾九年三月初十一日　　立

①南见，苗语译音，意为跳鼠形山坡。

②命，应为"面"字，因加池夹苗腔汉语读"面"字近于"命"音，故有此误。

立斷賣杉木山場並土約人岩灣范宗素為因要艮用度無從
得出自愿將到杉木山場乙塊坐落土名南見此山分三大股范宗素名下
名占乙股上凴苦田角為界下凴德華在凴宗治之木為界右凴咸
中為界四至分明請中問到于加池寨姜廷德名下承買為業當日
凴中議定價銀拾兩正親手收足應用自賣之后任從買主上山修
理管業賣主不得異言倘有此情俱在賣主一命前当不與買主之
事一賣一了父賣子休高坡滚石有去無回今恐人心不古立此斷賣存
照

內添二字內除一字

代筆范紹祥

凴中王連

嘉慶拾九年三月初十一日　立

# 姜德宗等皆占污十山场杉木断卖契

立断卖山场约人本寨姜德宗、成周、通文兄弟。今因家下缺少银用，无从得出，自愿将到山场坐落地名皆占污十①两边溪，左凭岭，右凭保柳，上凭德相，下凭溪；又边溪乙团，上凭廷列，下凭溪，左凭冲，右凭廷方为界，四至分明。十二股均分，德宗三人占乙股，出卖与姜廷德名下承买为业。当日三面凭中议定价银三两乙钱整，亲手领回应用。其山场自卖之后，任从买主修理管业，日后卖主不得异言。倘有来路不明，俱在卖主理落，不与（买主）之事。恐口无凭，立此卖断约存照。

内徐（涂）三字，内添三字。

凭中　姜思连

亲手笔

嘉庆十九年五月二十二日　　立

①皆占污十，苗语译音，意为“上污什的下边”。污十，即乌什溪，为加池西南边约3公里处的一条溪水，源于与加池相邻南面的中仰村，注入清水江，溪两侧系加池村重要的农业、林业生产区，土地多与中仰村交杂。污十又写作“污什”、“乌石”等，苗语称为“ōu xí”，意为加池附近的溪水。

立断賣山塲契人本寨姜廷宗、成周通大兄弟，今因家下缺少

銀用無從得出，自愿將到山塲坐落地名皆占溪十迴溪左嶺，

嶺右憑深坳，上憑德相，下憑溪■■又边溪圍上憑进到

冲，憑溪左憑冲，右憑进方界，四至分明，十二股均分，德宗

三人占乙股，出賣與姜廷德名下承買為業，當日三

面憑中議定價銀三两乙分整，親手領回應用，其山

塲自賣之后，任從買主修理管業，日後賣主不得

異言，倘有来路不明，俱在賣主理落，不與買主之事。

恐口無憑，立此賣断约存照。

内涂三字

内添三字

憑中　姜思進

親手筆

嘉慶十九年五月廿日立

# 姜廷相培格杉山断卖契

立断卖杉山字人本家姜廷相叔。为年岁缺少粮食，无处得出，情愿将二块杉山、坐落地名培格，分为二股，廷相名下占乙股，左凭油山，右凭冲，上凭路，下凭路；又地名冉皆笼，俱系廷相一人之山，并不与别人所共。日后龙姓砍木，土归买主①。一共二块之杉山。当日平心平意出卖与姜廷德名下承买为业，议定价银三两一钱整。日后修理长大发买（卖），不得异言。今恐人心不古，立此卖契乙纸为据。

外批：染皆笼界至：上凭廷凤之木，下凭盘路，右凭田角，左凭冲。

内添五个字，又添乙句字。

代笔　姜之琏

嘉庆十九年六月初一日　　立

①此句意思是，培格杉山林木先前已卖给龙姓，此次因粮食困难，又将土地卖给姜廷德。

立斷賣杉山字人本家姜廷相叔為年歲缺少糧食
無處得出情願將二塊杉山坐落地名培格分為二股廷相名
下占乙股左憑油山右憑冲上憑路下憑路又地名冉皆籠俱係
廷相一人之山並不與別人共日后龍姓砍木土歸買主一半
二塊之杉山當日憑中議定價銀三兩一分整出賣與姜廷德名下承
買為業自賣之後任從買主長大砍伐賣主不得異言今恐人心不古立此斷賣
與乙紙為據

外批與皆籠界至上憑廷敵下憑盤路右憑田角左憑
沖

代筆姜之璉

內添五個字又添乙句字

嘉慶十九年六月初一日　立

# 姜凤兰冉高白等杉木断卖契

立断卖杉山字人本房姜凤兰、现兰二兄弟。为因年岁缺少口粮，无从得出，自愿将山杉三块，（坐）落地名冉高白[①]、地名皆也腰[②]、地名党周[③]。分冉高白杉山二十股，廷德与二兄弟名下占乙股。又分皆也腰二股，二兄弟名下占乙股。此二块之杉山有人所共，并不分界至。即有党周界至：上凭顶，下凭佐兴之木，左凭岭，右凭岭，四至分明。其有股数分为三股，二兄弟除二股卖，现有乙股各在[④]。日后党周之木砍尽，地归源（原）主。当日凭中议定价银二十三两整，银两交足，分厘无欠。日后长大，不得异言。今恐无凭，立此卖契为据。

代笔　姜之琏

嘉庆十九年六月初一日　　立

①冉高白，苗语译音，意为姑娘病倒的山岭，在加池寨脚半坡，下半部现已被电站水库淹没。白，苗语意为“姑娘”。

②皆也腰，其他文书又写为“皆里料”，苗语意为大田外边或大田下边。

③党周，其他文书又写成“党绍”、“党纣”、“党走”等，苗语意为老虎出没的山台地。在加池村西南面2.5公里处。

④各在，锦屏方言，仍然存在或单独存在之意。

立斷賣杉山字人本房姜鳳蘭、現蘭二兄弟，為因年歲缺

少口糧，無處得出，自願將山杉三塊，一塊地名皆也腰

名党周，分冉高白杉山二十股，廷德、廷熾二兄弟名下占山股又分，有日皆也腰二

塊二兄弟名下占山股。此二塊之杉山大小有多寡，共並不分界至，即俏党周

憑項下憑佐其二叔，左憑嶺，右憑嶺，四至分明，共有股數，為分三股

兄弟除二股，賣現有山股，各在日后，党周之木砍盡，地歸源主，出

憑中議定價二十三兩整，親手收足，分厘無欠。日后長代不得異

言。今恐無憑，立此賣契為據。

代筆　姜元瑞

立

嘉慶十九年六月初一日

# 姜老尚污慢溪杉木山场并屋基断卖契

立断卖杉木山场与屋地基字人本家姜老尚。为因年岁饥荒，缺少粮食，无处所出，情愿将杉木山场二团，坐落地名污慢溪，分为五股，老尚名下占壹股。又将屋一间[①]与地基，凭中引到出卖与姜廷德兄名下承买为业。当日三面议定价银八两整，亲手领回其银，应卖杉山屋坐，艮两交足，分厘无欠。日后木修理长大，不得异言。屋廷德进坐，房族（不）可乱言。今恐人心不古，立此断约远永管业。

外批：培鸠[②]分为四股，栽手占乙股，地主占叁股。

凭中 姜廷华
　　 姜廷相
代笔 姜之琏

嘉庆拾九年六月二十八日　　立

①间，锦屏方言读“gān”音。

②培鸠，又写作“培教”、“培九”、“培丢”，苗语意为傻子山，在加池村西南2公里处。“鸠”或“教”，苗语意为傻子。此处培鸠是指姜老尚所卖的培鸠山场，具体位置在乌漫溪与培鸠山之间。

立斷賣杉木山場與屋地基字人本家姜老尚，為因年歲飢饉，缺少糧食，無處討出，情愿將杉木山場二團，坐落地名汚慢㘵，分為五股，老尚名下占壹股，又將屋一間，并地基，憑中出賣與姜廷德名下承買為業。當日三面議定價銀八兩整，親手領回。其銀應賣姑山屋坐艮兩交足，分厘無欠。日後修理，長大不得異言。屋廷德進坐房族不得亂言。今恐人心不古，立此斷字，永遠存照。

外批：培鳩分為四股，栽手占一股，地主占叁股。

憑中　姜廷年
　　　姜廷相

代筆　姜之模

嘉慶拾九年　月　二十八日　立

# 范继尧乌己溪山场杉木断卖契

立断卖山场杉木约人岩湾寨范继尧。为因无艮使用，自愿将杉山乙块，地名坐落乌己溪，上凭岭以木红为界，下凭溪，左凭冲，右凭冲包小岭在内，四至分明。此杉山分为十六股，本名占乙股。当日凭中诎（出）卖与家十寨姜廷德承买为业。议定价艮十两正，亲手收回应用。其杉山自卖之后，恁从买主修理管业，而卖主不得异言。恐后无凭，立此卖约承（存）照是实。

外批：此山分为十六股，本名占叁股。今将乙股出卖，本名余下二股。

内途（涂）贰字、添二字。

凭中　范绍修

代笔　范绍卿

嘉庆十九年九月二十五日　　立

立断卖山场杉木约人岩隆寨范继尧为因无艮使用自愿将杉山乙块地名坐落乌己溪上凭岭以木红为界下凭溪左凭冲右凭冲包出小岭左内四至分明此杉山分为十六股本名占乙股当日凭中出卖与姜家十寨姜廷德承买为业议定价艮十又正亲手收回应用其杉山自卖之后任从买主修理管业而卖主不得异言恐后无凭立此卖约承照是实

外批山分一十六股本名占乙股今将乙股出卖土名余下二股加一字添字

凭中 范绍修
代笔 范绍乡

嘉庆十九年九月二十五日 立

# 姜番绞皆占污十两边溪山场杉木断卖契

立断卖山场杉木约人本寨姜番绞。今因家下缺少银用,无从得出,自愿将到皆占污十两边溪山场一块,上凭德相、文玉之木,左凭保柳,右凭佐兴、保柳四主共山,下凭溪为界,四至分明。分为六股之山,番绞名下占乙半股;右(又)将眼在丹乙块,左凭岭,右凭冲,上凭栽岩为界,下凭溪,四至分明。分为八股之山,番绞名下占乙股。二处出卖与姜廷德名下承买为业。当日三面凭中议定价银六两五钱整,亲手领回应用。其山场自卖之后,任从买主耕管为业,日后卖主不得异言。倘有来路不明,俱在卖主理落,不与买主之事。恐口无凭,立此卖断约远永存照。

凭中 姜文玉 德宗

姜通文 笔

嘉庆十九年十一月十一日 立

立断賣山場杉木約人本寨姜番綏今因家下缺少用無從
得出自愿將到土名皆路迢溪山場一塊上憑德相杉木為界
保柳右憑仕興保柳皇共山下憑溪為界四至分明分為六股
土山番綏名下占乙半股右將限左邊乙塊左憑嶺右憑冲
上憑栽岩為界下憑溪四至分明分為八股土山番綏名下
占乙股二処出賣與姜德名下承買為業當日三面憑中
議定價銀六両五分親手領回應用其山場自賣之后
任從買主耕管為業日後賣主不得異言倘有來路不
明俱在賣主理落不與買主之事恐口無憑立此賣斷
約遠永存照

憑中　姜文才　德宗

姜道文筆

嘉慶十九年十一月十一日　立

# 龙祥生乌慢溪杉木山场断卖契

立断卖杉木山场约人本寨龙祥生。为因生理无处所出，自愿把土名乌慢溪杉木山场乙块，左凭抱柳杉木，右凭老要兄弟杉木为界，上凭田，下凭溪为界。又把土名党让[①]、小地(名)顽学[②]杉木山场乙团，左凭岩，右凭岭为界，上凭抱柳杉木，下凭溪为界。又把显姐杉木山场乙块，左凭岭，右凭冲，上凭沟，下凭岩动(洞)为界。此乌慢木分为三股，老祥占乙股。又党让木地主、栽手共七股半，老祥占乙股。又显姐木分为三十三股，老祥占乙股。一共三团三股，出卖与姜廷德名下承买为业。当日凭中三面议定断价纹银四两整，亲手领回应用。自卖之后，任从买主入山修理管业。倘有房族弟兄外人争论，俱在卖主上前理落，不与买主何干。今恐无凭，立此断约子孙约人永远为据。

内添三字。

凭中　姜东保

代笔　姜世璜

嘉庆二十年二月十二日　　立

①党让，又写作"党样"，旧时加池地方读"让"字音近似"样"。

②顽学，苗语意为喊魂塘，在加池西南方1公里处，乌漫溪下边。因此处阴森险恶，常有人在此受到惊吓。人受到惊吓后，得请先生到此塘边做法喊魂。一般做法是，备鸡一只，刀头肉几块及一些香纸，到塘边赈祭恶鬼，拾一块小石头后回家，沿途喊被惊吓者名字。到家后，将此小石头置于被惊吓者的枕头边或衣兜里。

立斷賣杉木山場約人本寨龍祥生為因生理
無處出自願把土名烏慢溪杉木山場乙塊左
憑抱柳杉木右憑老要兄弟杉木為界上憑田下憑溪
為界又把土名黨讓杉木山場乙團左憑岩右憑嶺為界
上憑抱柳杉木為界又把題妲杉木山場乙塊左憑嶺
右憑沖上憑溝下憑岩動為界此烏慢木分為三股
老祥占乙股又黨讓木地主栽手共七股半老祥占乙
股又題妲木分為三大股老祥占乙股一共三團三
股出賣與姜廷德名下承買為業當日憑中三面
議定斷價紋銀四兩整親手領回應用自賣之後任
從買主入山修理管業倘有房族弟兄外人爭論俱
在賣主上前理落不與買主何干今恐無憑立此斷約
子孫約人永遠為據

憑中姜東保

代筆 姜世璜

嘉慶二十年二月十二日 立

# 姜老龙加池堂在喜书杉木断卖契

立断卖杉木约人文斗寨姜老龙。为因家下缺少艮用,无从所出,自愿将到地名加什堂在喜书山乙块,右凭少冲,左凭领(岭),上凭岩洞,四字(至)分明。此木分为二股,地主占乙股,栽手占乙股。栽手出卖与加什寨姜廷德、世荣二人名下承买为业。当日凭中义(议)定价艮四两五钱整,亲手领回应用。其言自卖之后,应从卖主修理管业,卖主不得异言。恐后无凭,立此卖约为据。

代笔　姜朝相

嘉庆廿年三月廿六日　　立

立斷賣杉木約人文斗寨姜老龍為因家下缺少艮用無從所出自
願將到地名加什堂在書書山乙塊右憑沖左憑領上憑岩洞四字分
晰此木分為二股地主占乙股栽手占乙股栽手出賣與加什寨
姜廷德
姜世榮二人名下承買為業當日憑中議定價艮四兩五分整
親手領回應用其木自賣之后應從買主修理管業賣主
不得異言恐后無憑立此賣約為據

代筆姜朝相

嘉慶廿年三月廿六日　立

# 姜占魁尾包杉木山场断卖契

立断卖杉木山场约人文斗寨姜占魁。为因缺少良用，自愿将到杉木山场乙块，土名尾包，上凭景①，下凭河，左凭冲，右凭冲，四至分明。此山分为五大股，栽手占叁股，地主占贰股。此栽手三股又分为八股，姜占魁名下占乙股。此山地主贰股又分为四十九两贰钱六分，姜占魁名下占叁两贰钱九分二厘五，今开②于内，四至分明。此栽手乙股与叁两贰钱九分贰厘五，乙共出卖与加池寨姜廷德名下承买为业。当日凭中议定价艮乙十四两八钱八分，亲手领回应用。自卖之后，任从买（主）修理管业，卖主不得异（言）。如有异言，任先端车③在卖主理落。恐口无凭，立此断卖约存照为据。

凭中　姜廷华

外处：栽手姜士周、士荣、廷☐、吴文相、廷元、占魁、廷华、通义共八十一人共栽手五大股，栽手占三股，地主占二股。

嘉庆二十年四月二十一日　子姜占魁亲笔　　立

①景，系“枧”字之误，加池一带方言“景”、“枧”音不分。

②开，指开列。

③任先端车，疑为苗语译音，可理解为“俱”字。

立断賣杉木山塲約人文斗寨姜占魁為因缺少艮用自愿將到杉木山塲乙塊土名尾包上憑景下憑坷左憑冲右憑冲四至分明此山分為五大股栽手占叁股地主占弍股此栽手三股又分為八股姜占魁名下占乙股此山地主弍股又分為四十九两弍分六卜姜占魁名下占叁两弍分九卜二厘五毫今開于内四至分明此栽手乙股与叁两弍分九卜弍厘五乙共出賣與加地寨姜廷德名下承買為業当日憑中議定價艮乙十四两八分八厘親手領回應用自賣之後任從買修理管業賣主不得異如有異任憑賣主理落恐口無憑立此断約存照為據

外批栽手姜廷统吳文相共八人共栽手五大股栽手占
廷連占魁廷華通義三股地主占二股

憑中姜廷華

壽士榮

嘉慶二十年四月二十日子姜占魁親筆 立

# 蒋风山冉柳今杉木卖契

立卖杉木契人蒋风(凤)山。为因家下缺少银用,无从得出,自愿请中将到地名冉柳今[1]杉木二块:上平(凭)田,下平(凭)田,左平(凭)得华,右平(凭)岭路,四字(至)分明。乙块又乙块,上平(凭)水□,下平(凭)岭,左平(凭)岭,右平(凭)岭,四止(至)分明。杉木五股均分。岩湾寨范得行地主占三股,栽手占二股。出卖与张山贤、吴定谋二人名下承买为业。当日凭中三面议定价银五两五钱正,其艮亲手领回应用。此杉木自卖之后,任从买主修理管业,卖主兄弟不得异言。恐有异言,具在卖主向前理落,不干买(主)之事。恐后无凭,立此卖契存照。内添二字。

凭中　姜魁元

代笔　李万镒

嘉庆二十年十月廿日　　立

①冉柳今,又写作"冉有金""冉扭金"等,在加池寨脚清水江边,靠近岩湾村。苗语译音,意为如钉牛状山岭。钉牛,旧时锦屏等清水江一带陆运木材的工具,为尖锲状,头部直径约4厘米,开圆孔,套一铁环,环径约15厘米。使用时,将锲尖锲入木头首部,用粗索套铁环,粗索另一头套在木杠上,两人各抬木杠一端,将木头往前拖走。钉牛是木材厢运最主要的工具。冉柳今山岭已被三板溪电站水库淹没。

立賣杉木契人蔣鳳山爲因家下缺少銀用無從
得出自願請中將到地名冉栁令杉木二塊上平田下平田左
平得華右平路四字分明乙塊又乙塊上平水溝下平
嶺左平嶺右平嶺四至分明杉木五股均分岩塝寨
范得行地祖主占三股戴手占二股出賣與張山賢只定謀二人
名下承買爲業当日憑中三面議定價銀五兩五分正其
艮親手領回應用此杉木自賣之後任從買主修理管業
賣主兄弟不得異言如有異言具在賣主向前理落
不干買之事恐後無憑立此賣契存照
内添二字　　憑中姜魁元
代筆李萬鎰
嘉慶二十年十月廿日　立

# 姜学宗父子皆占乌什等杉木山场油山房屋断卖契

立断卖杉木山场油山与屋地基并土约人本寨姜学宗、生兰父子。为因家下缺少费用，无处所出，自愿将到杉木山场大小五处，土名皆占乌什两边溪。此山分为六股，学宗父子占乙股。又将穷助[①]乙块，上凭盘路，下凭岩梁，左凭迫坡以至冲为界，右凭冲。又将党东山乙团，分为六股，学宗父子占乙股半。又将冉皆什乙块，学宗父子全得乙块。又将屋地基乙块，地名党杨泽[②]，上凭佐兴，下凭起三，左离坟山五尺，右凭油乍[③]为界。又将岩凭[④]乙块，上凭佐兴屋、世周屋中间为界，下凭沟，左凭贵生为界，四至分清。又将冉皆什油树山场杉木乙团，学宗父子全得。一共七处，出卖与姜成德名下承买为业。当日凭中议定价银伍拾两整，亲手收回应用。自卖之后，任从买主管业，不与卖主何干。倘有不清，俱在卖主上前理落，不与买主何干。今恐无凭，立此断约存照。

外批：冉皆什之山场乙块先年不开界限，因此争论。复中解劝，界限上凭田，下凭买主，左凭买主，右凭小冲为界，木不个（过）卅根之土。

凭中　姜元方

代笔　姜世璜

嘉庆二十乙年正月初八日　　立

①穷助，应是"穷耶"，苗语意为石头冲。助，系"耶"字之误。穷，即山冲；耶，意为石头。

②党杨泽，又写作"党样得""党样颓""党阳泽"等，苗语意为党样下边的老寨。"杨"，读"ráng"，意为老寨子；"泽"、"得"均系侗语下边之意。因居住在党样的均系从天柱移迁过来的侗家人，故地名上间杂有侗语。

③油乍，即榨油房，当时主要是人工榨茶籽油。油榨系用青杠等材质较硬的木材制成的简易工作台，先将茶籽舂碎，蒸熟，用棕叶、皮等包成圆盘状，置于榨架中部用厚板制成的槽中，两边用几块厚板抵夹，然后在厚板中间锲入大木锲，人工抡大木棰奋力打木锲，将油挤出流入榨侧边的木桶中。榨油需 1～2 名大劳动力方可完成。

④岩凭，为"岩坪"之误。

立斷賣杉木山塲油山與屋地基並土約人本寨姜學宗世開父子先因家下缺少費用無処設出自愿將到杉木山塲大小五处土名皆占鳥什兩边溪此山分為六股学宗父子占乙股又將寨助乙塊上凭盤路下凭岩梁左凭砲坡以至沖為界右凭沖又將黨東山乙園分為六股学宗父子占乙股半又將冉皆什乙塊学宗父子全得乙塊又將屋地基乙塊地名黨楊磅上凭佐與下凭起三左離塊山五天右凭油冲為界又將岩凭乙塊上凭佐與屋廿周屋中間為界下凭溝左凭貴生為界四至分清又將冉皆什油樹山塲杉木乙園学宗父子全得一共七処出與賣與姜成德名下承買為業当日凭中議定價銀伍拾兩整親手收回應用自賣之後恁從買主管業不與賣主何干倘有不清俱在賣主上前理落不與買主何干今恐無凭立此斷約存照

[illegible]山塲乙塊先年不[illegible]界限因此爭論後中解凭中姜元方

[illegible]凭界至左凭買主右凭冲為界木不分业根之上

代筆[illegible]世璜

嘉慶二十乙年正月初八日　立

## 姜生龙冉幼山场断卖契

立断卖山场与杉木约人本寨姜生龙。为因家中用度缺少艮用，无处所出，自己将到地名冉幼[1]山场，此山分为五大股，地主占三股，栽手占二股。此山界至：上凭学忠木为界，下凭士周，左凭冲为界，右凭文喜木为界，四至分明。此地主三股出卖与姜廷德名下承买为业，议定价银三两整。亲手所卖，日后不得异言。一卖一了，父卖子休。今恐无凭，立此断约存照。

姜世和　书

嘉庆二十一年二月二十六日　　立

①冉幼，苗语意为像甩或丢过来的小山岭，位于加池寨脚半坡。

立断賣山場與杉木約人本寨姜生龍為因家中用度缺少艮用無処所出自己將到地名冉幼山場此山分為五大股地主占三股栽手占二股今此山界至上憑孝忠木為界下憑士周左憑沖為界右憑文喜木為界四至分明此地主三股出賣與　姜廷德名下承買為業議定價銀三兩整親手所賣日后不得異言一賣一了父賣子休今恐無憑立此斷約存照

姜世和書

嘉慶二十一年二月二十六日　立

# 姜东保污十皆也山场断卖契

立断卖山场杉木约人本寨姜东保。今因家下缺少银用，无从得出，自愿将污十皆也[1]之山场杉木一块，左凭老凤，右凭佐兴，上凭路，下凭坎。分为八股，东保名下占乙股。右（又）将培十[2]乙团山场杉木，上凭油山，下凭保柳，左凭角，右凭凤有堂读苟杉木四根。大小三处，出卖与姜廷德名下承买为业。议定价银四钱五分整，亲手收回应用。其山场杉木自卖之后，恁买主修理管业，卖主不得异言。倘有来路不明，卖主上前理落，不与买主之事。恐口无凭立此卖断约存照。

凭中　姜通文笔

嘉庆二十一年八月十三日　　立

①污十皆也，苗语译音，意为污十田下边。

②培十，苗语译音，意为乌什坡，在乌什溪附近。

立斷賣山場杉木約人本寨姜東賢今因家下缺少
銀用無處得出自愿將活十皆也之山場杉木一塊土名党鳥
右憑磋溪憑路右憑坡分為八股東保名下占乙股出賣
坵培十十一團山場杉木上憑油山下憑保柳左憑崩右憑屬有
業請蔣杉木四根大小三起出賣與姜廷德名下承買為
業議定價銀四兩五分整親手收回應用其山場杉木自賣
之后任憑買主修理管業賣主不得異言倘有來路不明
賣主上前理落不與買主之事恐口無憑立此賣
斷約存照

憑中 姜通文 筆

嘉慶二十一年八月廿三日立

## 张山贤冉柳金杉木卖契

立卖杉木契人张山贤。今因家下要银使用，无从德（得）出，自己请忠（中）问到加池寨姜廷德名下承买为业。地名冉柳金，上乙团：上凭田，下凭姜廷元之木，左凭岭，右凭岭，四至分名（明）。下乙团：上凭水沟，下岩洞，左凭路，右凭岭，四至分名（明）。凭忠（中）议定价银拾陆（两）五钱，亲手领回应用。自卖知（之）后，任从买主修里（理）管业，卖主以及外人不得异言争论。倘有等情[①]，卖主一力承当，不与买主相干。今恐人信难凭，立此卖契存照。

外批：老木十八根在内。

凭忠（中） 文堵姜朝胡
岩湾寨范德贤

山贤 亲笔

嘉庆二十壹年九月廿五日 立

①等情，即"这种情况"之意。

立賣杉木契人張山賢今因家下要銀使用無從得
出自己請中問到加池寨姜
廷德名下承買為業地名丹梛金上山團上冕田下冕姜
廷元之木左冕嶺右冕嶺四至分名下山團上冕水溝下岩
洞左冕路右冕嶺四至分名冕忠議定價銀拾陸兩正親
手領回應用自賣知后任從買主修理管業賣主以及
外人不得異言爭論倘有等情賣主一力承當不與買
主相干今恐人心難憑立此賣契存照

外批老木十八根在内

冕中 文堵姜朝[illegible]
岩灣寨范[illegible]賢

山賢親筆

嘉慶二十壹年九月廿五日 立

# 姜□柳父子皆宗等杉木断卖契

立断卖二处杉木约人本房姜□柳父子。为因要银使用,无处得出,情愿将到杉木二处,一处坐落地名皆宗[1],上凭油山,下凭水沟,左凭割额[2]为界,右凭朝俊油山为界;又一处坐落地名污慢一块,上凭岩,下凭岩,左凭德廷,右凭德廷之木为界,两处四至分明。凭中引到出卖与姜廷德名下承买为业。当日三面议定价银十乙两伍钱正,亲手领回应(用)。其杉木日后长大发卖,不得外人争论。如有此情,俱在卖主理落,不关买主之事。恐口无凭,执字约为据。

外批:污慢老、嫩杉木七根在外[3]。

凭中　姜美保

依口代笔　姜世培○

嘉庆廿一年十月初六日　　立卖

①皆宗,又写作"皆中"、"皆松",加池苗语读音"gāi shōng",意为山坳下边,在加池寨东北边一里许。旧时加池人读"宗"、"松"、"中"音不分。

②割额,苗语译音,形如瓦屋脊状的山梁。额,苗语意为瓦。

③老、嫩杉木七根在外,是指这七根杉木系木主姜□柳父子刻意蓄留作为己用。旧时锦屏林区林农在自己山场中都要选择部分形状好、生长茂盛的杉树精心培育,以用作建房的中柱或用作打制棺椁。这些树木一般不轻易出卖,即便卖了山场也要借新山主的山将木材蓄养到需用之时。

立斷賣二處杉木約人本房姜保柳父子為因要銀使用無處得出情願將到杉木二處一處坐落地名皆宗上憑油山下憑水溝左憑劉嶺為界右憑朝俊油山為界又一處坐落地名污慢一塊上憑岩下憑岩左憑德廷右憑德廷之木為界　两處四至分明憑中出賣與姜廷德名下承買為業當日三面議定價銀十一两伍分正親手領回應賣其杉木日後長大發賣不得外人爭論如有此情俱在賣主理落不関買主之事恐口無憑批字約為據

外批污慢老嫩木七根在外

憑中姜美保

依口代筆姜世培　〇

嘉慶廿年十月初六日　立賣

# 姜包柳父子冉皆什山场杉木断卖契

立断卖山场杉木约人本房姜包柳父子。同心商义(议),自愿(愿)将到地名冉皆什杉木一块出□,上凭盘路,下凭□兴,左凭冲,右凭领(岭),四字(至)分名(明)。出卖与姜廷德名下承买为业,当日凭中义(议)定价银拾一两七钱整,亲手领回应用。其杉木自卖之后,恁从买主修理管业,不与房族、儿子争论。如有不清,俱在卖主理落,不关买主之事。今恐无凭,立此断卖约存照。

注:原契中笔及时间缺失。

立斷賣山場杉木約人本房姜包弟子同心商議自愿將到地名冉皆
什杉木一塊出賣上憑盤路下憑與左憑沖右憑嶺凼四字分名
斷賣與
姜廷德名下承買為業當日憑中議定價銀拾一兩七分整親手收
回應用其杉木自賣之後恁從買主修理管業不與房族兒子
爭論如有不清俱在賣主理落不與買主之事今恐無憑立此斷
賣約存照

# 范继尧乌已溪山场杉木断卖契

立断卖山场杉木约人岩湾寨范继尧。为因缺少银用,无出,自愿将到杉山乙块,地名坐落乌已溪,上凭红路,下凭溪,左凭冲,右凭冲,有小岭在内,四至分明。此木山分为十六股,本名占三股。先年将乙股出卖与文通,又将二股出卖与家池寨姜廷德承买为业。当日请中出卖,议定价艮十两叁钱正,亲手收回应用。其杉山自卖之后,恁从买主修理管业,卖主不得争论。恐后无凭,立此断约承照是实。

外批:此山分为十六股,本名占三股,先年出卖乙股格翁范文通①,余下二股俱卖与廷德全收管业。内途乙字、添二字。

凭中　范绍尧

代笔　范绍卿

嘉庆二十乙年十乙月二十八日　　立

①范文通(1757～1847),格翁寨头人,较有财势。其因不满瑶光河口巨富姚氏父子仗富横行,为姚氏设局陷害,后率其子侄奋力反击,将姚氏诉败。

立斷賣山場杉木約人君瀼寨范继尧為因缺少銀用無出
自愿將到杉山乙塊地名坐落烏巴溪上憑紅路下憑溪左憑冲
右憑冲有小嶺在内四至分明此杉山分為十六股本名占三股先年將乙
股出賣與丈通又將乙股出賣與家池寨姜廷德承買為業當
日請中出賣議定價銀廿兩[illegible]分正親手收回應用其杉山自賣之
后任從買主修理管業[illegible]不得爭論恐后無憑立此斷約存
照是實

外批此山分為十六股本名占三股先年出賣與文格翁之子通余下二股俱賣與廷德全[illegible]字

憑中 范紹堯 親字

代筆 范紹鄉

嘉慶二十乙年 十 九 月 二十八 日 立

# 龙现华沮滈杉木断卖契

立断卖杉木人本寨龙现华。为因生意缺少本银,无处所出,情愿将到杉木乙处,坐落土名沮滈①,分为六十股,现华名下占乙股;又将皆也培书②乙块,左凭岭,右凭小冲,上凭田,下凭溪,分为陆股,现华占乙股;又将冉皆笼嫩木廷香的老木,现华弟兄的分为三股,现华名下占乙股;又将番过顺③得栽文堵之山乙块,分为五股,现华栽手占乙股。乙共四块,凭中度卖与姜廷德名下承买为业。当日三面议定价银五两五钱征(整),亲手收回应用。自卖之后,任凭买主修理管业,卖主不得番悔。今恐人心不若古,立断字为据。

内添六字

凭中　姜老疏

代笔　萧之荣

嘉庆二十二年正月初九日　　立

①沮滈,"沮",系"污"字之误。污滈,意为雾罩坡。

②皆也培书,培粟田下边,已被淹。

③番过顺,其他文书又写成"翻贵顺"、"翻个顺"、"番过舜"等,苗语译音,意为要翻过峡岭的山或地方。在乌什至党样之间,距加池约4公里。

立断卖杉木人本家龙现华，为因缺少银两无所出，情愿将到杉木山一处，坐落土名凹漓，分为六十股，现华名下占山一股，又将皆也培画山一块，土名凭岭，右凭小冲，上凭田，分为陆股，现华占山一股，又将冉皆龙嫩木，连香的老木，凭兄弟华所的，分为三股，现华名下占山一股，又将番对顺得栽，文琦之山一块，分为五股，现华栽手占山一股，共四块，凭中度卖与姜廷德名下承买为业，当日三面议定价银五两五钱，亲手收回应用，自卖之后，任凭买主修理管业，承卖主不得番悔，今恐人心不古，故立断字为据。

内添六字

凭中 姜老疏

代笔 姜兰之荣

嘉庆二十二年正月初九日 立

# 姜含宗等乌已山场断卖契

立断卖山场字人本房姜含宗、仁宗弟兄二人。为因要艮用度，无处所出，自愿将到山场大小七团，坐落土名乌已山，上下三团，上团分为三股，含宗弟兄名下占乙股；又中团分为三股，含宗弟兄占乙股；又下团分为贰十五股，含宗弟兄占乙股；又污石乙团，分为三大股，含宗弟兄占乙股；又污漫分为三大股，含宗弟兄占乙股；又冉告[1]乙团，分为三股，含宗弟兄名下占乙股；又将皆中乙团，分为二大股，含宗弟兄名下占乙股。乙共七团，出卖与姜成德名下承买为业。当日凭中三面议定价艮二两六钱整，亲手收回应用。自卖之后，任从买主修理管业，卖主不得异言。倘有不清，俱在卖主理落，不关买主之事。今恐无凭，立此断字为据。

东保
凭中　姜廷华
廷香
代笔　萧之荣

嘉庆二十二年二月初六日　　立

①冉告，指米粟树岭。

立断賣山塲字人本房姜含宗、仁宗弟兄二人，將[illegible]用度無出，處所出自愿將到山塲大小七團，坐落土名已山上下三團。上團分為三股，含宗弟兄名下占山股；又中團分為三股，含宗弟兄占山股；又下團分為貳十五股，含宗弟兄占山股；又污石山團分為三大股，含宗弟兄占山股；又污漫分為二大股，含宗弟兄占山股；又冉告山團分為三股，含宗弟兄名下占山股；又將皆中山團分為二大股，含宗弟兄名下占山股。山共七團，出賣與姜成德名下承買為業。為日憑中三面議定價艮二兩六錢。恐親[illegible]自賣之後，任從買主修理管業，賣主不得異言。倘有不清，俱在賣主理落，不關買主之事。今恐無憑，立此断字為據。

憑中　姜東保
　　　姜廷華
　　　姜廷香
代筆　蕭之荣

嘉慶二十二年二月初六日　立

# 姜廷华父子冉计山等杉木山场断卖契

立断卖杉木山场字人本家姜廷华父子。为因要艮使用，自愿将到杉木山场乙共大小六处，坐落土名冉计山，分为二大股，廷华、廷香名下占乙股。又分为二股，廷华名下占一股。又将穷故宠，分为四股，名下占乙股。又将皆□全得乙块。又将皆也均书，分为三股，廷华名下占一股。又将穷助，分为四股，廷华名下占乙股。又将培格，分为二股，廷华名下占乙股。乙共六处，出卖与姜廷德名下承买为业。当日三面言定价艮十两五钱正，亲手收回应用。自卖之后，任从买主修理管业，卖主不得异言。今无恐凭[①]，立此断字为据。

凭中　姜东保
　　　　姜廷香

亲子代笔乔弟

嘉庆二十二年二月初六日　　立

①今无恐凭，应为今恐无凭。

立斷賣杉木山場字人本家姜廷華父子，為因要艮使用，自愿將到杉木山場山塊大小六处，坐落土名肉對[illegible]，分為二大股，廷華、廷香名下占山股，又分為二股，廷華名下占一股；又將窮故龍分為四股，名下占山股；又將背[illegible]坌得山塊，又將背也塝畫分為三股，廷華名下占一股；又將[illegible]為[illegible]股，分為四股，廷華名下占山股；又將塝拷分為六股，廷華名下占山股。共六处出賣與姜佐德名下承買為業，當日三面言定價艮十兩五錢正，親手收回應用。自賣之后，任從買主修理管業，不得異言。今無恐凭，立此斷字為據。

凭中 姜廷更、廷保香

親手代筆 喬弟

嘉慶二十二年二月初六日　立

# 姜东保党样得等山场杉木地基断卖契

立断卖山场杉木屋地基约人本寨姜东保。为因生理[1]缺少银用,无处得出,自己愿将到屋地基乙块,地名党样得[2],地基二股均分,风兰占乙股,东保占乙股出卖与姜成德名下承买为业。当日议定价银四两整;又将山场乙块,地名乌什溪。其山场六股均分,东保名下占乙股,出卖;又将乌补先[3]山场乙块,分为四股,东保名下占乙股,出卖;又将皆党独苟山场乙块,分为六股,东保名下占乙股,出卖。此三处俱皆出卖与姜成德名下承买为业。当日议定价银四两整,亲手领回应用。自卖之后,恁从买主修理管业,日后卖主不得异言。如有异言,俱在卖主理落,不关买主之事。今欲有凭,立此卖断山场永远存照。

凭中　姜福兰

嘉庆二十二年二月十二日　世琏笔立

①生理,锦屏旧时方言,专指从事木材买卖。

②党样得,苗语译音,意为党样的下边。

③乌补先,苗语译音,意为补先溪边。

立斷賣山場杉木屋地基約人本寨姜東保為因生理缺少銀用
無~~處得山~~自己願將屋地基乙塊地名黨𥡴得地基二股均分鳳蘭
占乙股東保占乙股立賣姜我德名下承買為業當日議定價銀四兩
整又將山場乙塊地名烏什溪其山場六股均分東保名下占乙股立賣又
將烏禪~~山~~場乙塊分為四股東保名下占乙股立賣又將皆黨獨崙山
場乙塊分為六股東保名下占乙股立賣此三處俱皆立賣海
姜我德名下承買為業當日議定價銀四兩整親手領回應用自
賣之后憑得買主移理管業日后賣主不得異言如有異言俱在
賣主理落不關買主之事今欲有憑立此斷賣山場永遠存
照

憑中姜福蘭

世臻筆立

嘉慶二十二年二月十二日

# 姜廷才雄旧又杉木断卖契

立断卖杉木约人本寨姜廷才。为因生理缺少费用，自愿把土名雄旧又[1]杉木乙团，左凭姜德廷之木，右凭姜成瑜之木为界，上凭沟，下凭田为界，四至分清。其木分为二股，廷才名下占乙股。出卖与姜廷德名下承买为业。当日凭中三面议定价银四两五钱整，亲手领回应用。自卖之后，恁凭买主修理管业。倘有兄弟外人争论，俱在卖主上前理落，不与买主何干。今恐无凭，立此断卖杉木约人为据。

凭中　姜疏连

代笔　姜世黄

嘉庆二十二年五月初八日　　立

①雄旧又，苗语译音，意为狭窄的小山冲。

立斷賣杉木約人本寨姜廷才為因生
理缺少費用自願把土名雄田又杉木山
園左憑姜德廷之木右憑姜成瑜之木為界
上憑溝下憑田為界四至分清其木分為
二股廷才名下占山股出賣與
姜廷德名下承買為業當日憑中三面議
定價銀四兩五錢整親手領回應用自賣
之后任憑買主修理管業倘有弟兄外人
爭論俱在賣主上前理落不與買主何干
今恐無憑立此斷賣杉木約人為據

憑中姜踈連
代筆姜吉黄

嘉慶二十二年五月初八日　立

# 姜生隆冉构阜杉木山场断卖契

立断卖杉木山场约人本寨姜生隆。为因生理,自愿把土名冉构阜①杉木山场乙块,左凭姜之连之木,右凭姜佐兴之木为界,上凭文斗寨姜文香之木,下凭亦之连之木为界,四至分明。其山场杉木生隆独得,出卖与姜廷德名下承买为业。当日凭中三面议定价银乙两整,亲手领回应用。自卖之后,恁凭买主上山修理管业,不与卖主何干。倘有弟兄外人争论,俱在卖主上前理落,不关买主之事。今恐无凭,立此断约存照。

姜世黄　代笔

嘉庆二十二年五月廿日　　立

①冉构阜,苗语译音,意为叫化岭,又写作“冉构否”“眼沟否”。构阜,苗语意为叫化(即乞丐)。

立斷賣杉木山塲約人本寨姜生隆
爲因生理自願把土名冉構阜杉木山塲
山境左憑姜之璉之木右憑姜佐興之木
爲界上憑文斗寨姜文香之木下憑亦之連
之木爲界四至分明其山塲杉木生隆獨得
出賣與姜廷德名下承買爲業當日憑中
三面議定價銀乙兩叁錢親手領回應用自
賣之後任憑買主上山修理管業不與賣主
何干倘有弟兄外人爭論俱在賣主上前理
落不關買主之事今恐無憑立此斷約存照

姜廷黄代筆

嘉慶二十二年五月廿日　立

# 姜占魁支实山场杉木断卖契

立断卖山场杉木约人文斗寨姜占魁。为因家下缺少艮用,无出,自己将到主山[①]杉木乙块、坐落地名支实,山杉分为四十九两之山,界至:上凭格翁坟山为界,下凭河,右凭文斗下寨山为界,左凭佐兴山为界,四至分明。今将凭中出卖与加池寨 姜廷德名下承买为业。当日凭中议定价银贰两八钱正,亲手领回应用。其山自卖之后,任凭买主修理管业,卖主不得异言。倘有此前(情),俱在卖主上前理落。恐后无凭,立此断卖字是实。

代笔　子姜占魁

外批:此山分为四拾九两八钱五分,占魁名下所占叁两二钱九分半出卖。

凭中　姜廷照

嘉庆贰拾贰年十月初九日　　立

①主山,系"祖山"之误。

立断賣山場杉木約人文斗寨姜古魁為因家下缺少艮用無
出自己將到壬山杉木乙塊坐落地名夫賣山杉分為四十九兩之山
界至上憑格翁墳山為界下憑河右憑文斗下寨山為界左憑九佑與
山為界四至分明今將凴中出賣與加池寨人
姜廷德名下承買為業當日憑中議定價銀弍两八分正親手領回
應用其山自賣之後任憑買主修理管業賣主不得異言
倘有此前俱在賣主上前理落恐后無憑立此断賣字是實

代筆 子姜古魁

外批此山分為四十九两八分五厘八古魁名下所佔叁
两二分九厘出賣

凴中 姜廷照

嘉慶弍拾弍年十一月初九日 立

# 姜善兰旧又杉木断卖契

立断卖杉木约人本房姜善兰。为因家下缺少银用，无处所出，自愿将杉木一块，坐落土名旧又，上凭沟，下凭冲，左凭德廷老木为界，右凭小冲为界，四字（至）分明。其山二大股拘（均）分，善兰占一股，出卖与姜廷德承买为业。当日凭中议定价艮四两五钱整，亲手领回应用。自卖之后，任凭买主修理管业，卖主不得异言。若有来路不明，俱在卖主理落，不与买主何干。今恐无凭，立此断卖杉木约为据。

外批：内添五字。

代笔　姜开渭

嘉庆二十二年十一月廿四日　　立

立斷賣杉木約人本房姜善蘭為因家下缺少銀用無處所出自願將杉木一塊坐落土名舊又上憑溝下憑冲左憑德廷老木為界右憑小冲為界（四字公删）其山二大股均分善蘭占一股出賣與姜廷德承買為業當日憑中議定價銀四兩五錢親手領回應用自賣之后任憑買主修理管業賣主不得異言若有來路不明俱在賣主理落不與買主何干今恐無憑立此斷賣杉木約為據

外批内添五字

代筆姜開渭

嘉慶二十二年十一月廿四日　立

# 龙长生眼谷杉木断卖契

立断卖杉木约人本寨龙长生。为因家下要银使用，无处得出，自己母子相议，愿将到地名眼谷[①]杉木乙块，分为二股，廷烈占乙股，长生占乙股。为有界至：上(凭)廷柄田为界，下平(凭)溪为界，左平(凭)廷柄田角为界，右平(凭)廷烈田角为界，四至分明；又将到地名培九杉木乙块，分为三股，长生名下占乙股。上平(凭)佐兴木为界，下平(凭)污漫溪为界，左平(凭)岩动(洞)，右平(凭)合龙木为界，四至分明；又将到地眼根龙[②]杉木乙块，分为三股，长生占乙股。为有界至：上(凭)成凤木为界，下平(凭)路为界，右平(凭)冲为界，左平(凭)田角为界，四至分明。乙共三处，出卖与姜廷德名下承买为业。当日三面议定价艮二两乙钱正，亲手收回应用。自卖之后，任从买主上山修理管业，不使弟兄外人争论。倘有异言，俱在卖主相(上)前理落，不干买主之事。今恐无凭，立此断字是实。

姜朝俊　笔

嘉庆二十二年十二月二十二日　　立

契眉小字批：在石板乔(桥)上去以边[③]，在世道的田对面在双岔溪，上恁(凭)世道，下凭双岔溪，即知此是污漫界至[④]。

①眼谷，又写作“冉谷”，苗语译音，意为尖窄的山岭。

②眼根龙，苗语译音，意为弯勾的尖山岭，在加池寨脚半坡，现已被水库淹没。

③以边，即里边。加池地方读“里”为“以”音，至今依然。

④此行字应为姜廷德后人所批。

立斷[illegible]約[illegible]寨龍長生為因家下要銀使用無

處得[illegible]子相識願憑將到地名暇谷杉木乙塊分為二

股廷烈占乙股長生占乙股為有界至上平廷柄田角為界下平

溪為界左平廷柄田角為界右平廷烈田角為界四至分明又

將到地名擁九杉木乙塊分為三股長生名下占乙股上平佐興木

為界下平污溪溪為界左平岩動右平合龍木為界四至分明

[illegible]界至

又將到地眼根龍杉木乙塊分為三股長生占乙股為有界至上破鳳

木為界下平路為界右平冲為界左平田角為界四至分明

乙共三處出賣與　姜廷德名下承買為業當日三面議定

價艮二兩乙分正親手收回應用自賣之后任從買主上山修

理管業不俟另兄外人爭論倘有異言俱在賣主相前理落不

干買主之事今恐無憑立此斷字是實

姜朝俊筆

嘉慶二十二年十二月二十二日　立

# 杨昭贵迫南乜大与乌什溪边杉木栽手断卖契

立断卖杉木约人天柱县杨昭贵。为因家下缺少艮用，无处所出，自愿将得栽迫南乜大[①]与乌什溪边二处之木，分为五股，地主占三股，昭贵栽手占乙股，出卖与姜廷德名下承买为业。当三面二处议定价艮六两正，亲手领回应用。其艮（木）自卖之后，应从买主上山管业，卖主兄弟不得异言。今恐无凭，立此断卖乙纸为据。

外批：言定卖主修理四年[②]。

凭中　孙松友代笔

嘉庆二十三年二月二十七日　　立

①迫南乜大，苗语译音，意为寨脚下边长田。

②旧时佃户将所佃山场的杉木栽手出卖给山主后，往往还得承担一定的义务，对所卖幼林继续管理。所承担义务的轻重往往视佃户与山主的亲疏关系而定，本村寨或关系较亲近者，承担的义务较少。此契中的卖主杨昭贵系刚从天柱迁来的新民，姜廷德要求他继续管理幼林四年，属较重的义务。

立斷賣杉木約人天柱縣楊昭貴
為因家下缺少艮用無所出自
願將得栽迫南皆地大興烏
什溪边二处之木分為五股地
主占三股昭貴栽手占二股出
賣與姜廷德名下承買為
業當三面二比議定價艮六兩
正親手領回應用其艮自賣
之后應從買主上山管業賣主
兄弟不得異言今恐無憑立
此斷賣乙紙為據
外批言定賣主修理四年
憑中孫松交代筆
嘉慶二十三年二月二十七日立

## 龙长生羊乌在良等山场杉木断卖契

立断卖山场杉木约人本寨龙长生。为因家中用度无处所出,自愿将到祖遗山场杉木三团,坐落地名羊乌在良[①],上凭宗周,下凭岩洞,左凭君能,右凭故堵[②]。又乙团坐落地名经初,上凭岩洞,下至岩洞,左廷德,右凭德廷;又乙团坐落地名经初,上凭岩洞下至岩洞,左凭廷德,右凭廷德;又乙团地名坐落地名作落[③],上凭番皎,下凭大路为界,左凭油山,右凭之琏杉木为界,四至分清。其山杉木请中出断与 姜成德名下承买为业。当日凭中议定价艮乙两六钱五分整,亲手收回恁用。其艮(山)自卖之后,愿凭买主修理蓄禁管业,日后弟兄房族不得异言。今欲有凭,立此断约永远存照。

外批:作落分为叁股,长生名下占贰股出卖。

代书　姜开贤

凭中　姜苏林

嘉庆二十叁年十二月十六日

①羊乌在良,苗语读音"ráng ōu zài liáng",意为水边的老寨子。

②故堵,苗语译音,意为溪上边老公公住的山坡。堵,音"都"。

③作落,苗语意为小山岭。

立斷賣山場杉木約人本寨龍長生為因家中用度無処出辦自
愿將到祖遺山場杉木三團坐落地名冉洋烏在良上憑宗周下憑岩洞
左憑君能右憑故堵又乙團坐落地名經初上憑岩洞下至岩洞左
秉德右憑德謙又乙團坐落地名作落上憑番破下憑大路為界左
憑油山右憑之璉杉木為界四至分清其山杉木請中出斷約
姜成德名下承買為業當日憑中議定價艮乙兩六朩五卜惡親
手收回應用其艮自賣之後願憑買主修理蓄禁管業日后
弟兄房族不得異言今欲有憑立此斷約永遠存照

外批作落分為叁股長生名下占式股出賣

代筆　姜開賢

憑中　姜蘇林

嘉慶二十叁年十二月十六日

# 姜官保党兄世菜书杉木断卖契

立断卖杉木约人文堵寨上房姜官保。为因家中费用无处得出，自己情愿将到党兄世菜书①杉木乙块，共计大小叁处，官保名下占栽手乙股。无处设法，当请中度出卖与加池寨姜成德、世荣二人名下承买为业。当日三面议定价银五两贰钱五分整，时直（值）过价，分厘无亏，亲手领回应用。其木自卖之后，任从买主向山②修理管业，日后卖主不得异言。如有不清，俱在卖主理落，不干买主之事。今欲有凭，立此断卖杉木子孙永远存照。

杜度凭中　姜英桥

嘉庆二十四年三月十四日　代笔姜世琏　　立

①党兄世菜书，苗语译音，意为菜书的上边山坡坳，在加池河对面，已被淹。

②向山，即上山，旧时加池夹苗音汉语，读“上”为“向”音。

立斷賣杉木約人文堵寨上房姜官保為因家中費用無處得出自己情愿將到業兄
世茱書、杉木乙塊共計大小叁處管保名下占栽手乙股無處設法当請中度出賣與加池寨
姜成德世榮二人名下承買為業當日三面議定價銀伍兩貳錢五分整時直過價分厘無虧
親手領回應用其木自賣之后憑從買主向山修理、管業日后賣主不得異言如有不清
俱在賣主理落不干買主之事今欲有憑立此斷賣杉木子孫永遠存照

憑中 姜英橋

嘉慶二十四年二月十六日 代筆 姜世璉 立

# 姜廷香乌冉怀炭杉木卖约

立断卖杉木约人本寨姜廷香。为因家中用度，自愿将到土名乌冉怀炭[1]杉木乙团，左凭廷德共山，右凭文善山为界，上凭田，下凭□为界。此木廷香父子独得。又将到土名贤姊[2]杉木乙团，左□世连山，左凭朝俊山为界，上凭老廷木，下凭冲为界，四至□明。此木分为二股，出卖乙股与冉怀炭乙团与姜廷德名下承买为业。当日凭中三面议定价银二两二□整，亲手收回应用。自卖之后，恁凭买主修理管业，倘有不明，□在卖主上前理落，不与买主何干。今恐无凭，立此断□杉木存照。

凭中　姜奉兰

代笔　姜世黄

嘉庆二十四年五月初□日　　立

①乌冉怀炭，苗语译音，意为溪边呈阶梯状重叠的山岭。

②贤姊，即显则坡。

立斷賣杉木約人本寨姜廷香為因家中用度自願將到土名烏冉懷炭小木山團左憑廷德共山右憑文善山為界上憑田下憑小為界此木廷香子獨得又將到土名賢婦杉木山團左乙世連山左憑朝俊山為界上憑老廷木下憑沖為界四至分明此木分為二股出賣山股與冉懷炭山團與姜廷德名下承買為業當日憑中三面議定價銀二兩二錢恙親手收回應用自賣之后恁憑買主修理管業倘有不明俱在賣主上前理落不與買主何干今恐無憑立此斷賣杉木存照

憑中姜奉蘭

代筆姜世黃

嘉慶二十四年五月初　日　立

# 龙昌纹弟兄沮浩山杉木断卖契

立断卖杉木约人中仰寨龙昌纹贵弟兄二人。今家下要银使用，无从得出，自己情愿将到为因先年得栽山贰块，土名沮浩①山。此木分为五股，地主占叁股，栽手占贰股。其有上块：上凭盘路，下凭大溪，右凭冲，左凭德廷之木为界，四至分明。出卖与加池寨地主姜廷德名下承买为业。当面议定价银壹两八钱整，亲手收回应用。其杉木自卖之后，任凭买主修理管业，卖主不得异言。日卖日了。今恐无凭，立此断卖字约为据。

龙起书　笔

嘉庆二十四年六月廿四日　　立

①沮浩，又写作“污浩”，苗语译音，意为靠近水边经常有雾罩的山岭。

立断卖杉木约人中仰寨龙昌贵 弟兄
二人今家下要银使用无从得出自
己情愿将到蓊冈先年得栽山贰块土
名沮浩山此木分为五股地主占叁股
栽手占贰股 其有上块上凭盘路下凭大
溪右凭冲左凭德廷之木为界四至分明
出卖与加池寨地主姜廷德名下承买
为业当面议定价银壹两八钱整亲手
收回应用其杉木自卖之后任凭买主
修理管业卖主不得异言 日后卖日了
今恐无凭立此断卖字约为据

龙起寿 笔

嘉庆 二十 年六月 廿四日 立

## 姜显和党走杉山断卖契

立断卖杉木山场约人文斗寨姜显和。为因要银用,无出,自愿将到杉山乙块,土名党走,其山杉凭中周以栽岩为界,下凭木洪路,左凭冲,右边上截凭岭,下截凭冲为界,四至分明。此山杉分为伍股,本名占地主叁股。今将本名所占请中出卖与加实寨 姜成德旧(舅)父名下承买为业。当日凭中议定断价银贰拾伍两正,亲手领足应用。其杉山自卖之后,恁从买主修理管业,卖主不得异言。如有不清,俱在卖主理落。今欲有凭,立断杉木山场约远永存照。

凭中　姜老田

代笔　堂兄姜显相

嘉庆贰拾四年九月二十七日　　立

立斷賣杉木山場約人文斗寨姜顯和為因要銀用無
出自愿將到杉山一塊土名党走其山杉上凴中周落界下凴
木洪路左凴冲右凴之載鑹下截凴冲為界四至分明此山杉
分為伍股本名占地主叁股今將本名所占請中出賣與
加実寨　姜廷德旧父名下承買為業當日凴中
議定斷價銀貳拾伍兩正親手領足應用其杉山
自賣之後恁從買主修理管業賣主不得異言如有
不清俱在賣主理落今欲有凴立斷杉木山場約遠永存照

凴中姜老田

代筆堂兄姜顯相

嘉慶貳拾四年九月二十七日　立

# 范腾高父子冉污杉木断卖约

立断卖杉木约人岩湾范腾高父子。为因缺少粮食,无处设法,父子商议自愿将到杉木乙块,地名冉污[1]。其有杉木分为五股,地主文堵寨姜砌刚、饱(鲍)金龙二人占叁股,栽手占二股。今将乙股出卖与姜成德名下承买为业。当日三面议定价银叁两乙钱整,亲手收回应用,当时交足,分厘无亏。其有杉山界限:上凭德华,下凭献塘为界,左凭文堵寨姜廷式为界,右凭范继尧为界。其木自卖之后,恁从买主管业,日后卖主父子不得异言。倘有不清,俱有卖主理落,不关买主之事。今欲有凭,立此断杉木为据。

内添二字

凭中　姜廷香

代笔　姜世琏

嘉庆二十五年二月初十日　　立

①冉污,苗语译音,意为有水流过的山岭。

立断賣杉木約人岩湾寨范腾高父子為因缺少粮食無處設法父子
請议自愿将到杉木山塊地名冉污其有杉木分為五股地主文堵寨姜卸
剐飽金龍二人占叁股栽手占二股今將一股出賣每
姜武德名下承買為業當日三面议定價艮叁两錢正親手收回應
用當時交足分釐無欠其有杉山界限上憑德華下憑獻撈為界左憑文
堵寨姜廷武為界右憑繼堯范為界其木自賣之后憑從買主管業日
后賣主父子不得異言倘有不清俱在賣主理落不與買主之事
今欲有憑立此断杉木為據

内添二字

凭中 姜廷香

嘉慶二十五年六月初十日 代筆 姜世琏 立

# 姜廷朱等尾圣山场杉木断卖契

　　　　　　　　　　　　朝珍<br>
立断卖山场杉木约人文斗寨姜廷朱、老生、老用望、老愿、侄老龙弟兄。今因<br>
　　　　　　　　　　　　保

家中缺少银用，无出，情愿将到山场杉木地名尾圣[1]，上凭德华，下凭圣堂地主[2]，左凭岭，右凭岭为界，四至分明。此山杉木分为五股，地主占三股，栽手占二股。今将地主三股出断卖与加池寨 姜廷德名下承买为业。当日凭中议定价银九两二钱正，亲手收回家中应用。其山杉木自卖之后，恁从买主修理管业，而后不得异言。如有异言、倘有不亲（清），俱在卖主上前理落，不与买主何关。今欲有凭，立此断卖山场杉木字人为据。

凭中　姜廷华

亲笔　姜光国

嘉庆二十五年六月初四日　　立

①尾圣，因加池苗语“圣”读作“信”、“县”音，故又写作“尾信”、“尾县”，在清水江北岸，距加池约4公里。现已被电站水库淹没。

②地主，指文斗寨姜廷朱等九人之共山。

立斷賣山塲杉木約人文斗寨姜廷朱老生保老朝珍望明老應佐老龍弟兄等，因家中缺少銀用無出，情愿將到山塲杉木地名尾丕上凴德華，下凴丕堂地主，左凴嶺，右凴嶺爲界，四至分明。此山杉木分爲五股，地主占三股，栽手占二股。今將地主三股出斷賣與加池寨姜廷德名下承買爲業。當日凴中議定價銀九両二分，亲手收回家中應用。其山杉木自賣之後，任從買主修理管業。而後不得異言，如有異言，倘有不親俱在賣主上前理落，不與買主何人關。今欲有凴，立此斷賣山塲杉木字爲據。

凴中　姜廷華

親筆　姜光國

嘉慶二十五年十二月初四日　立

# 姜廷华父子五人培丢等处杉木栽手断卖契

立断卖栽手杉木约人姜廷华父子五人。为因家下缺少银用,无出,自愿将先年所栽廷芳、廷德土名培丢杉木乙块,又将迫南[1]之谟大田坎脚杉木乙块,二处共计一百余株。此木分为贰股,地主占乙股,栽手占乙股。本名栽手乙股出卖与地主姜廷德名下承买为业。当日凭中议定价银捌钱整,银契两交。其栽手杉木自卖之后,任凭买主修理蓄禁管业,卖主子孙日后不得番(翻)悔。恐后无凭,立有卖约存照。

凭中　姜映文
　　　　廷香

依口代笔　杨枝华

嘉庆二十五年六月十四日　　立

①迫南,又写作"白南""别南",苗语译音,"往(或靠)下边"之意,在加池寨脚。

立斷賣栽手杉木約人姜廷華父子五人为因家下缺少銀用無出自願將先年

此栽廷芳廷德土名培丢杉木一塊又將廸南之讓大田坎脚杉木一塊二處共計

一百餘株此木分为弍股地主占一股栽手占一股本名栽手一股出賣與地主

姜廷德名下承買为業當日憑中議定價銀捌錢整足銀契兩交其栽手

杉木自賣之後任憑買主修理蓄禁管業賣主子孫日後不得異悔

恐後無憑立有賣約存照

憑中姜映文 廷香

依口代筆楊枝華

嘉慶二十五年六月十四日 立

# 姜成周兄弟皆都晚树木断卖契

□（立）断卖鬼江树①、追立树②、风木③乙共四根字人本寨姜成周、通文兄弟二人。□（自）愿将木四根，坐落地名皆都晚④，出卖与姜廷德名下承买为业。议定价银八钱正，亲手收回应用。其艮（树）自（卖）之后，恁从买主日后坎（砍）伐，卖主不得异言。倘有不清，卖主理落，不与买主之事。今恐无凭，立此卖字存照。

亲手　笔

嘉庆二十五年七月十三日　　立

①鬼江树，即香樟树。

②追立树，即锥栗树。

③风木，即枫木。

④皆都晚，苗语译音，意为原来多树，后开垦成熟地的山坡下边。

[redacted]断賣兜江樹追立樹風木山共四根字人本寨姜成閎通文兄弟二人為將木四根坐落地名皆都晚山賣與姜廷德名下承買為業議定價銀八分正親手收回應用其艮自之后恁從買主日後砍伐賣主不得異言倘有不清賣主理落不與買主之事今恐無憑立此賣字存照

親手筆

嘉慶二十五年七月十三日立

# 姜有道班足山场杉木断卖契[①]

立断卖山场杉木约人扒洞寨姜有道。为因家下缺少费用,无处得出,自己愿将土地名班足[②]山场乙块,此山分作叁大股,名下占乙大股,一股分作叁小股,名下占乙小股。其有界限照依得买之契管业。又将土名重故掌[③]山场杉木乙块,其山分作柒拾贰股,名下占乙股出卖。其有界限照依捌大股管业。又将土名乌羊眼强[④]山场杉木乙块,此山分作柒拾贰股,名下占乙股出卖,其有界限照依捌大股管业。此叁处将分内凭中出卖与加池寨姜廷德名下为业。当日凭中三面议定价银叁拾两整,亲手应用。其山场杉木自卖之后,恁凭买主修理管业,卖主不得异言。日后倘有不清,俱在卖主理落,不与受业无干。恐后无凭,立此断卖山场杉木约存照。

外批:班足中间嫩木栽主占三股,地主占三股,有道又占栽手乙股,俱共出卖。其有冲边亲自栽十五株在内,又重故掌三家所栽之木乙团,栽手分为十五股,名下占乙股出卖。

高贵茂

凭中　姜廷香
　　　姜维兰

代书　姜有珍

①此份文书日期已损,当在清嘉庆年间。

②班足,加池苗语称"番触勇",意为有冷锈水流出的冲上边。

③重故掌,苗语译音,意为层层相叠的园地或地基。

④乌羊眼强,苗语译音,意为溪边有屋地基的岭湾。

立断賣山場杉木約人扒洞寨姜有道為因家下缺少費用無處得出自己愿將土名班足山場一塊此山分作叁大股名下占一大股一股分作叁小股名下占一小股其有界限照依得買之契管業又將土名重故冲丁山場杉木一塊其山分作柒拾弍股名下占一股出賣其有界限照依捌大股管業又將土名烏羊眼強山場杉木一塊此山分作柒拾弍股名下占一股出賣其有界限照依捌大股管業凡叁處將[illegible]凭中出賣與加池寨姜廷德名下為業當日憑中三面議定價銀叁拾兩悉親手應用其山場杉木自賣之後任憑買主修理管業賣主不得異言日後倘有不清俱在賣主理落不與買主之事恐後無憑立此斷賣山場杉木約存照

外批班足中間楸木栽主占三股地主占三股有道又占栽手一股俱共出賣其有冲边梘自栽十五株在內又重故掌三家吩栽栽之木一團栽手分為十五股名下占一股出賣

凭中姜維蘭
廷香
高貴

代书姜有琮

# 孙松友乌再丹杉木断卖契

立断卖杉木约人天柱县孙松友。为因家中缺少粮食，自愿将到得栽杉木，坐落地名乌再丹溪边乙块之木、大田砍（坎）却（脚）乙块、开文田砍（坎）却（脚）乙块、冉皆什开文田却（脚）乙块、从绞[1]乙块。乙共大小五块。其山分为三股，地主占二股，占栽手乙股。出卖与主家姜廷方（儿子）[2]德名下承买为业。当日凭中三面议定断价艮十四两正，亲手领回。自卖之后，应从买主修理管业，卖主不得异言。倘有栽手不清，俱在卖主理落。今欲有凭，立此断约为据。

凭中　杨光五

孙松友　亲笔

道光元年正月二十八日　　立

①从绞，上头山冲，在加池寨后山。

②姜廷方（儿子），指姜廷方的儿子。

立断賣杉木約人天柱縣孫松交為因家中缺少银用自愿将到得
栽杉木坐落地名乌再丹溪边乙塊之木大田文田
砍却乙塊冉皆什闹文田却乙塊從叙乙塊乙共大小五塊其山分為
三股地主占二股栽手占乙股出賣與主家姜廷德方晃子名下承買為
業当日凭中三面議定断價艮十四两正親手領回自賣之後
应從買主修理管業賣主不得異言倘有栽手不清俱在賣主
理落今欲有凭立此断約為據

凭中楊光五

孫松交親筆

道光元年正月二十八日立

# 孙松友大田坎脚杉木栽手断卖契

立断卖杉□约人天主(柱)县孙松友。为因家中缺少粮食,自愿将得栽杉木,□落地名大田砍却(脚)之木杉木下乙块,分为五股,地主三股,栽手二股,出卖与姜廷德名下承买为业。当日凭中三面义(议)定断价艮七钱二分正,亲手领回。自卖之后,应从买主修理管业,卖主不得异言。倘有栽手不□,具(俱)在卖主里(理)落。今欲有凭,立此断约为据。

凭中　光玉

孙松友□

道光元年正月二十八日　　立

立断賣杉約人天主縣孫松夫為因家中缺少粮食自愿将得栽杉木乙山
落地名大田砍却之木杉木下乙塊分為五股地主三股栽手二股出賣
与姜述德名下承買為業当日憑中三面義定断價艮七錢二
分正親手領回自賣之後恁從買主修理管業賣主不得異
言倘有栽手不清是在賣主理落今欲有憑立此断約為據

憑　光正

孫松交

道光元年正月二十八日　立

# 范腾高父子是尾县杉木栽手断卖契

立断卖栽手杉木约人岩湾寨范腾高、子老乔。为因先年所栽文堵之山，地名是尾县，分为伍股，栽手占贰股，地主占叁股。界限：上凭田，下凭地梁[①]为界，左凭季尧之山为界，右凭廷委之山为界，四至分明。今拿栽手出卖与加十寨姜廷德承买为业。当日凭中言定价艮贰两六钱正，亲手收回应用。自卖之后，恁从买主管业，卖主不得异言。恐后无凭，立此断约存照。

凭中代笔　范绍徽

道光元年三月初八日　　立

①地梁，又写作“地良”，指旧时山民为区分山林界限而修筑的土埂。

立斷賣栽手杉木約人岩灣寨范騰高子老喬為因光用所栽文堵之山地名是尾界仍為伍股栽手占弍股地主占叁股界限上憑田下憑地栄為界左憑李貴之山為界右憑廷姜之山為界四至分明今將栽手出賣與加十寨姜廷德承買為業當日憑中言定價銀弍兩六分正親手收回應用自賣之後任憑買主管業賣主不得異言恐後無憑立此斷約存照

憑中代筆范紹徽

道光元年三月初八日 立

# 姜朝俊父子眼根什等山场杉木断卖契

立断卖山场杉木字人本寨姜朝俊父子林松、贵林。为因家下缺少银用,无处得出, 自己愿将到地名眼根什[1]乙块,分为十五股,本名占乙股。此界至:上凭成凤为界,下凭冲为界,左凭佐兴为界,右凭岭为界,四至分明;又将到地名眼根龙乙块,分为五股,栽手占二股,地主占三股。地主三股分五小股,本名占乙股。其界至:上凭老林为界,下凭岩动(洞)为界,左凭冲为界,右凭岭为界,四至分清;又将到乙块地名根要坐[2],分为二十股,本名占乙股。此界至:上凭文善为界,下凭佐兴为界,左凭廷方为界,右凭冲为界,四至分明。其有山场杉木三处出卖与姜廷德名下承买为业。当日三面议定价艮二两三钱整,亲手收回应用。自卖之后,应从买主上山修理管业,不使弟兄外人争论。倘有弟兄外人争论,拘在卖主上前理落,不干买主之事。今恐无凭,立此断字是实。

凭中　姜廷华

清道光元年二月十二日　亲笔立

①眼根什,又写作“冉皆什”,苗语译音,意为加池寨脚的山岭。

②根要坐,又写作“皆料脚”。

立斷賣山塲杉木字人本寨姜朝俊父子林松 貴林為因家下缺少銀
用無処得出自己愿將到地名眼根什乙塊分為十五股本名占乙股此界至
上凭成鳳為界下凭沖為界左凭佐與為界右凭嶺為界四至分明
又將到地名眼根尨乙塊分為五股栽手占二股地主占三股地主三股分
五小股本名占乙其股界至上凭老林為界下凭岩動為界左凭沖為界
右凭嶺為界四至分清又將到乙塊地名根要坐分為二十股本名占乙股
此界至上凭文善為界下凭佐與為界左凭廷芳為界右凭沖為界
四至分明共有山塲杉木三処出賣與
姜廷德名下承買為業当日三面議定價銀一兩三分整親手收回應
用自賣之後恁從買主上山修理管業不䏻弟兄外人爭論倘有弟
兄外人爭論俱在賣主上前理落不干買主之事今恐無凭立此
断字是实

凭中姜廷華

清道光元年 二月十二日 親筆 立

# 姜廷华皆补样固我杉木断卖契

立断卖杉木山场契人本家姜廷华。为因缺少粮食，无处得出，自愿将到皆补样固我[①]杉木乙团，其木二股均分，地主占乙股，栽（手）占乙股。今出卖栽手乙股，上凭岩山为界，下凭溪，左凭冲，右凭之俊为界。又将皆容冉谷[②]二块，其木二股均分，地主占乙股，栽手占乙股。出卖此三处俱是乌的（计）两边溪。又将党蒿乙处山场乙团，此山场四股均分，之模占乙股，成凤占乙股，佐兴得文耀乙股，廷华占一股出卖。又将究略油山乙块，油山内之杉木在内乙共出卖。又将迫难皆野书[③]溪边杉木乙块：上凭岩洞，下凭溪，左凭起山为界，右凭小溪冲为界。乙共六处，出卖与姜成德名下承买为业。当日议定价银六两四钱整，当时交足，亲手领回。自卖之后，任从买主管业，卖主不得异言。今恐无凭，立此断卖是实。内添五字。

外批：老木四根在外。

凭中 杨发龙 姜廷香

道光元年三月十二日　世琏笔　　立

①皆补样固我，苗语译音，意为我公公坟下边。在加池寨脚半坡。“补样”，苗语意为祖坟；“我”，系苗语人名。

②皆容冉谷，苗语译音，意为高岩坎脚下，在往中仰过去方向一公里许。

③迫难皆野书，苗语译音，意为最下边田的下面，在加池寨东北面下去的半坡一带。

立断賣杉木山場契人姜廷華為因缺少糧食無處得出自愿將到[illegible]補[illegible]因我杉木山圖其木二股均分地主占一股栽手占一股今出賣栽手一股上凭岩山為界下凭溪左凭冲右凭之俊為界又將[illegible]名二塊其木二股均分地主占一股栽手占一股出賣此三處俱是烏的兩边溪又將黨高乙處山一圖此山場四股均分之模占乙以小成歟占乙股佐興得之文耀一股廷華占一股出賣又將寬署油山乙塊油山内之杉木在内一共出賣又將迫难皆野書自絶杉木一塊上凭岩洞下凭溪左凭赵山為界右凭小溪冲為界一共六處出賣與姜成德名下承買為業當日議定價銀六兩四錢正當時交足親手領回自賣之後任從買主管業賣主不得異言今恐無凭立此断賣是实

内添五字

外批老木四根在外

憑中 楊發龍
姜廷香

道光元年三月十二日 世[illegible]筆 立

# 姜包柳冉皆谏杉木山场断卖契

立断卖杉木山场约人本房姜包柳。为因家下缺少,无处得出,自愿将到地名冉皆谏①,上凭岩梁,下凭岩坎,左凭迫坡,右凭冲为界,四至分明。其山出卖与姜廷德、开文兄弟四人名下承买为业。当日三面议定价银贰两三钱正。任从买主修理管业,卖主不得异言。今恐无凭,立此断卖山场约为据。

外妣(批):姜廷德名下占乙股,开文四兄弟占乙股。

凭中　姜安保

代笔　姜开渭

大清道光元年六月初六日　　立

①冉皆谏,苗语译音,意为架枧岭的下边。

立断賣杉木山塲約人本房姜包柳為因家下缺少無處得
出自愿將到地名冉皆諫上憑岩梁下憑岩坎左憑廸披右憑冲為界
四至分明其山出賣與
姜廷德開文兄弟四人名下承買為業當日三面議定價銀弍両
三錢正任從買主修理管業賣主不得異言今恐無憑立此断賣山
塲約為據

外批姜廷德名下占乙股開文四弟兄占乙股

憑中姜安保
代筆姜開渭

大清道光元年六月初六日立

# 姜通文皆容衣诸山场杉木断卖契

立断卖山场杉木约人本寨姜通文。为因家下缺少银用，无从得出，自愿将到山场杉木坐落地名皆容衣诸[1]，上凭岩洞，下凭溪，左凭成凤，右凭岩洞，四至分明。出卖与姜廷德名下承买为业。当日三面议定价银乙两三钱整，亲手领回应用。其山场杉木自卖之后，恁从买主修理管业，日后卖主不得异言。如有来路不明，拘(俱)在卖主理落，不与买主之事。恐口无凭，立此卖断约存照。

凭中　姜廷才

亲手笔

道光元年六月初十日　　立

①皆容衣诸，苗语意为高陡岩坎脚。

立斷賣山場杉木約人本寨姜通文為因家下缺少銀用無從得
出自愿將到山場杉木坐落地名皆寄衣諸上凴岩洞下凴溪左凴
成鳳右凴岩洞四至分明請出賣與姜廷德名下承買為業當日三面
議定價銀乙兩三分正親手領回應用其山場杉木自賣之後任
從買主修理管業日後賣主不得異言如有來路不明俱在賣主
主理落不與買主之事恐口無凭立此賣斷約存照

凴中　姜廷才
親手筆

道光元年六月初十日　立

# 龙长生番培朋等山场杉木断卖契

立断卖山场杉木约人本寨龙长生。为因家下缺少粮食，无处所出，自愿将到山场杉木乙团，坐落地名番培朋。此山分为贰大股，栽手占乙股，地主占乙股。地主乙股分为三十六股，长生名下占乙股。此山界至：上凭凹，下凭田，左凭冲以通文之田为界，右凭冲以田为界；又刚套乙团，地名六百山，分为五股，栽手占贰股，地主占三股。地主三股又分为三十六股，长生名下占乙股；又皆也菹蒿[1]乙团，分为五股，栽手占贰股，地主占三股。三股又分为五股，五股又分为三十股，长生名下占乙股。上凭田，下凭包柳之山，左凭佐兴之山以廷烈之山为界，右凭廷德、包柳之山为界。出卖与姜廷德名下承买为业。当日凭中议定价银二两整，亲手岭（领）回。自卖之后，任从买主修理管业，卖主不得异言。今恐无凭，立此断卖山场杉木约为据。

代笔　姜开润

道光元年六月廿五日　　立

①皆也菹蒿，苗语译音，意为雾罩坡田下边。

立断賣山塲杉木約人本寨龍長生為因家下缺少粮食
無処所出自愿将到山塲杉木坐落地名番培朋此山
為弍大股栽手占山股地主占山股地主山股又分為三
十六股長生名下占山股此山界至上抵凹下抵田左抵中
以道文之田為界右抵冲以田為界又剛奪山團地名六百山
分為五股栽手占弍股地主占三股地主三股又分為三十六股長生
名下占山股又皆也蒞蔼山團分為五股栽手占弍股地主占三股三股又
分為五股五股又分為三十股長生名下占山股上抵田下抵包柳之山右抵
佐興之山以廷烈之山為界右抵廷德包柳之山為界出賣與姜廷德名下承買
為業当日憑中議定價銀二兩整親手領回由的賣之后任從買主修理管業
賣主不得異言今恐無憑立此斷賣山塲杉木約為據

代筆姜開渭

道光元年六月廿五日 立

# 姜廷魁尾保等山杉木卖契

立卖山木字人文斗寨姜廷魁。为因要艮使用,无出,自愿将到共山二处,一处土名尾保,上凭顶,下凭河,左右凭冲。又一处土名之什,上凭顶,下凭河,左凭佐兴山,右凭洪路。此二处之山,一共四十九两二钱九分,本名占一两四钱五分七厘。今出卖与加池寨姜开明名下承买为业。当日议定价艮三两四钱,亲手收用。自卖之后,买主管业,卖主不得异言。恐后无凭,立此卖字为据。

外批:内添“界限”五字。通明笔。

亲笔　立

凭中　姜世琏

道光元年七月初八日　　立

立賣山木字人文斗寨姜廷魁為田要艮使用無出自愿將到共六山二處一處土名尾保上憑頂下憑河左右憑冲又一處土名乏什上憑頂下憑河左憑岱[山]右憑洪路此二處之山一共四十九兩二錢九分本名占一兩四不五分七厘今出賣與加池寨姜開明名下承買為業當日議定價艮三兩四錢親手收用自賣之後買主管業賣主不得異言恐後無憑立此賣字為據

外批内添界限五字通明筆

親筆立

憑中姜世璉

道光元年七月初八日　立

# 姜木连□皆什等杉木山场断卖契

立断卖杉木山场约人本寨姜木连。为因家中缺少费用，自愿将到土名□皆什杉木乙团，分为四十五股，木连名下占乙股；又将冉皆笼杉木乙块，上凭路，下凭岩砍，下左凭冲，右凭岭为界，四至分明。其木分为五股，木连名下占乙股；又将到上边岭乙块，上凭之毫之木，下凭岩动（洞）为界，左凭冲，右凭廷香之木为界。其木分为二十五股，木连名下占乙股；又将皆楼却乙团，上凭廷香之木，下凭大岩，左凭廷芳之木，右凭溪为界。其木分为二十股，木连名下占乙股；又将良乌[①]木乙块，上凭佐兴之木，下凭大溪，左凭文善之木，右凭合龙之木为界。其木分为二十五股，木连名下占乙股；又将党羊杉木乙块，上凭士周之木，下凭田，左凭老疎之木，右凭佐兴之木为界，四至分清。其木分为五十股，木连名下占乙股。一共六处，出卖与 姜成德名下承买为业。当日凭中议定价银拾伍两五钱整，亲手收回。应凭买主修理管业，倘有不清，俱在卖主上前理落，不关买主之事。今恐无凭，立此断卖杉木山场为据。

凭中 姜朝弼

代笔 姜世黄

外批：上冉皆笼山场分为十五股，木连得乙股。又党羊山场分为三十股，木连占乙股出。又良乌山场分为十五股，木连得占乙股。

道光元年八月初三日　　立

①良乌，苗语读为“ráng ōu”，意为溪边老屋基。

立斷賣杉木山場約人本寨姜木連為因家中缺
少費用自願將到土名皆什杉木圓分為四十五
股本□名□□□股又將岑皆籠杉木山塊上凭路下凭岩
砍下左凭冲右凭嶺為界四至分明其木分為五股木連名
下占乙股又將到上边嶺山塊上凭之毫之木下凭岩動為界
左凭冲右凭廷香之木為界其木分為二十五股木連名下占乙
股又將皆樓却山圓上凭廷香之木下凭大岩左凭廷詩之木右
凭溪為界其木分為二十股木連名下占乙股又將良烏木
山塊上凭佐興之木下凭大溪左凭文善之木右凭合龍之木為
界其木分為二十五股木連名下占乙股又將黨羊杉木山塊上凭
士周之木下凭田左凭老疎之木右凭佐興之木為界四至分清其
木分為五十股木連名下占乙股一共七処出賣典
姜成德名下承買為業當日凭中議定價銀拾伍兩五錢整親
手收回應凭買主修理管業倘有不清俱在賣主上前理落不関
買主之事今恐無凭立此斷賣杉木山塲為據

凭中 姜朝弼
代筆 姜世黄

外批上開皆籠山塲分為十五股木連得
乙股又黨羊山塲分為二十股木連占
乙股出賣 又良烏山塲分為
二十五股木連得乙股

立

宣統元年八月初三日

# 姜官绞父子皆也轻初杉木栽手断卖契

立断卖杉木约人本寨姜官绞父子。为因家中缺少粮食，无处所出，自愿将到先年所栽杉木乙块，坐落土名皆也轻初，上凭世宽田坎，下凭溪，左凭长生之木，右凭包柳之木为界，四至分明。其山分为三股，地主占二股，栽手占乙股。今将栽手占乙股出卖与姜廷方德弟兄名下承买为业。当日凭中三面议定价艮二两五钱整，亲手领回应用。自卖之后，应从买主修理管业，卖主父子不得异言。倘有来路不明，俱在卖主上前理落，不关买(主)之事。今恐无凭，立此断约为据。

凭中　范林□

姜开基　笔

道光元年十二月十八日　　立

立断賣杉木約人本寨姜官絞父子為因家中缺
少粮食無処所出自愿將到先年所栽杉木乙塊坐落
土名皆白也輕杉上凭世寬田坎下凭溪左凭長生之木右凭
包柳之木為界四至分清其山分為叁股地主占二股栽手
占乙股今將栽手占乙股出賣與姜廷德弟兄名下承買為
業當日憑中三面議定價銀二兩五錢親手領回應用
自賣之後應從買主修理管業賣主父子不得異言倘有
來路不明俱在賣主上前理落不與買之事今恐無凭
立此断約為據

憑中 范林
姜開基 筆

道光元年十二月十八日 立

# 姜通文等眼培太油山荒坪杉木断卖契

立断卖油山与方凭(荒坪)姜通文、成周弟兄父子。为因家下缺少银用,无从得出,自愿将到油山杉木坐落地名眼培太,上凭文圣田,下凭买主田,左凭杉木,右凭水沟,四至分明。出卖与姜成德名下承买为业。当日三面议定价银二十四两整,亲手领回应用。其油山杉木自卖之后,恁从买主管业,日后卖主不得异言。如有来路不明,拘(俱)在卖主理落,不与(关)买主之事。恐口无凭,立此卖断约存照。

内添"杉木"四字,又添一字。

凭中　姜德宗

姜通文亲手笔

道光元年十二月十三日　　立

立断賣油山與方契姜通文戚內弟兄叔子為因家下缺少銀
用無從得出自愿將到油山杉木坐落地名眼塘太上憑久聖田下憑
買主田左憑杉木右憑水構四至分明出賣與姜成德名下承買
為業當日三面議定價銀二十四兩整親手領回應用其油
山杉木自賣之后任從買主管業日後賣主不得異言如有來
歷不明俱在賣主理落不與買主之事恐口無憑立此賣断
約存照

內添杉木四字又涂一字

憑中姜德宗
姜通文親手筆

道光元年十二月廿日　立

# □绍周父子冉皆什杉木山场断卖约

立断卖杉木山场并土约人本寨□绍周父子。为因家中用度缺少银用，无从得出，自愿将到杉木山场地名冉皆什上边冲一块，与廷烈共，上凭宗周，下凭冲，左凭岩，右凭之连、廷德之木为界，四至分明。分为四股，地主占三股，栽手占乙股。地主三股分为十二股，绍周名下占乙股。又下边冲九主山，分为三大股，德廷、绍周五人占一大股，五股又分为二十股，绍周名下占一股。又乌十杉木山场一块，上凭水沟，下凭水沟，左凭岩弯田角，右凭冲，四至分明。分为四股，绍周名下占乙股，出卖与姜成德名下承买为业。当日三面凭中议定价银五两整，亲手领回应用。其杉木自卖之后，恁从买主修理管业，日后卖主不得异言。倘有来路不明，卖主上前理落，不与买主之事。恐口无凭，立此卖断约存照。

凭中　姜德宗

代笔　姜通文

道光元年十二月廿三日　　立

立斷賣杉木山場並土約人本寨　姜紹周父子為因家中用度缺少銀用無
從得出自愿將到杉木山場地名冉皆什上边冲一塊與迷烈共上凴宗當
下凴冲左凴岩右凴之連廷德土木為界四至分明分為四股地主占三股
栽手占一股地主三股分為十二股紹周名下占八股又下边冲九土山分為
三大股德廷紹周五人占一大股五股又分為二十股紹周名下占一股又烏廿
杉木山場一塊上凴水溝下凴木溝左凴岩背四角右凴冲四至分明分為四
股紹周名下占乙股出賣與姜成德名下承買為業當日三面凴
中議定價銀五兩整親手領回應用其杉木自賣之后任從
買主修理管業日後賣主不得異言倘有來路不明賣主
上前理落不與買主之事恐口無凴立此賣斷約存照

凴中　姜德宗
代筆　姜通文

道光元年十二月廿日　立

# 姜翻绞乌地溪头等杉木山场断卖契

立断卖山场杉木约人本寨姜翻绞。为因家中缺少费用,自愿将到乌地(计)溪头杉木山场杉木乙块,上凭顶,下右边凭溪,左凭小岭中间为界、以至冲至屋地平为界,右凭故柳所[①]之山为界。此山路坎上杉木分为贰股,地主占乙股,栽手占乙股。路坎下杉木分为贰股,地主占乙股,地主与凤有合伙栽之木俱皆在内,凤有之乙股在外。又将党纣山场杉木乙块,上凭世太田坎为界,下凭大冲为界,左凭世太之山为界,右凭用周之山为界。今将出卖与姜成德名下承买为业。当日三面议定价银叁拾两整,亲手领回。自卖之后,恁从买主管业,卖主不得异言。恐说无凭,以断契为据。

外批:又将兄榜开[②]山场乙块,分为五大股,将五股又分为十小股,翻绞名下占乙股出卖。

杜中　姜凤有

道光元年十二月廿五日世琏笔　　立

①故柳所,应为"故柳所格"。故,苗语音"构",祖父或老祖之意;柳,苗语读"溜"音,意为"老大";所格,加池姜氏的一支先祖,约生活于清康熙年间。

②兄榜开,又写作"穷榜开""雄榜开""雄榜派",苗语意为像箭一样直来的山冲。

立断賣山場杉木約人本寨姜翻綾
為因家中缺少費用自願將到烏地溪頭
杉木山場乙塊上憑頂下右边憑溪左憑
小嶺中間為界以至冲至屋地平為界右
憑故柳所之山為界此山路坎上杉木八分為弍
股地主占乙股栽手占乙股路坎下杉木分為
弍股地主占乙股地主姜鳳有合夥栽之木
俱皆在内鳳有之乙股在外又將党紂山場
杉木乙塊上憑世太田坎為界下憑太冲為界
左憑世太之山為界右憑用周之山為界
今將一股賣与姜成德名下承買為業
當日三面议定價銀叁拾兩悉親手
領回自賣之后任憑買主管業賣主不
得異言恐說無憑以断契為據
外批又將兄擇開山場乙塊分為五大股將五股又分
為十小股翻綾名下占乙股五
憑中姜鳳有
賣
道光元年十二月廿五日世璉筆立

# 姜通文旧又等油山杉木断卖契

立断卖油山山场杉木约人本寨姜通文。为因家下缺少银用，无从得出，自愿将到油山坐落地名旧又，上凭路，下凭廷光油山，左凭成德油山，右凭领（岭），四至分明；又将到世反从套一块，上凭文圣，下凭地良，左凭佐兴，右凭成凤，四至分明。其山分为三股，宗周、老凤占二股，本名占一股；又将党滈一块，上凭学宗，下凭朝俊田角，左凭领（岭），右凭冲，四至分明。其山分为三股，德宗名下得一股，成周、通文名下占二股出卖；又将乌慢溪边一块，左凭小冲，右凭岩洞，上凭岩，下凭岩，四至分明。其杉木分为二股，栽手占一股，地主占一股出卖。共四处，出卖与姜成德、苏连二人名下承买为业。当日三面凭中议定价银捌两整，亲手领回应用。自卖之后，任从买主管业，日后卖主不得异言。倘有外人争论，卖主上前理落，不与买主之事。恐无凭，立此卖断约存照。

外批：旧右山内徐（除）杉木五根在外。内涂八字，内添捌字。

凭中　姜德宗

亲手　笔

道光元年十二月廿六日　　立

立断賣油山杉木約人本寨姜通文為因家下缺少銀用
無從得出自愿將到油山坐落地名旧又上塝路下塝延光
油山左邊成德油山右邊領四至分明又將到世□及從套塊
上邊文聖下邊坐地良左邊佐興右邊成鳳四至分明其山分
為三股宗周老鳳占二股本名占一股又將党滈一塊上邊
奉宗下邊朝俊田角左邊領右邊沖四至分明其山分為
三股德宗名下得一股成周通文名下占二股本名山賣占一股
又將烏慢溪边一塊左邊小沖右邊嵩上邊岩下邊岩四至分
明其杉木分為二股栽手占一股地主占一股出賣共
四塊山與姜成德蘇連二人名下承買為業當日三面憑中議
定價銀捌兩整親手領回應用自賣之后任從買主
管業日後賣主不得異言倘有外人爭論賣主上前理
落不與買主之事恐無憑立此賣斷約存照
外批旧右山内除杉木五根在外
内塗八字内添捌字
憑中 姜德宗
親手筆
道光元年十二月廿六日 立

# 姜开元等冉构阜山场杉木断卖契

立断卖山场杉木约人本寨姜开元、开书、乔福、老包四人。为因父亲去世，缺少银用，无处所出，自愿将到山场坐落土名冉构阜乙块，上凭平（坪），下凭高岩坎为界，左凭追坡为界，右凭登文之木为界，四至分明。其木分为六股，四兄弟名下占乙股出卖。又将到乌漫溪乙块，上凭岩梁，下凭溪，左凭岩，右凭溪为界，四至分清。共二处之木出卖与 姜廷德名下承买为业。当日凭中三面议定价艮九钱整，亲手领足应用。自卖之后，恁从买主修理管业，卖主不得异言。倘有来路不明，俱在卖主上前理落。恐后无凭，立此断卖约人为据。

凭中　姜官绞

代笔　姜开基

道光二年正月二十八日　　立

立断卖山场杉木约人本寨姜开元、开书、乔福、老包四人，为因父亲去世，缺少银用，无处所出，自愿将到山场坐落土名冉樯阜乚塊，上凭平，下凭□岩坎为界，左凭迫坡为界，右凭登文之木为界，四至分明。其木分为六股，四兄弟名下占乚股，出卖。又将到乌漫溪乚塊，上凭□梁，下凭溪，左凭岩，右凭溪为界，四至分清。其二处之木出卖与姜廷德名下承买为业。当日凭中三面议定价银九悉親手领足应用。自卖之后，任从买主修理管业，卖主不得异言。倘有来路不明，俱在卖主上前理落。恐后无凭，立此断卖约人为据。

凭中　姜官紋
代笔　姜开基

道光二年正月二十八日　立

# 姜廷华父子白南杉木断卖契

立断卖杉木约人本房姜廷华父子。为因家中缺少粮食，无处所出，自愿将到杉木乙块，坐落土名白南，小地名皆也苟[1]两边溪（又小田乙丘，价艮二钱正），出卖与姜廷德名下承买为业。当日凭中议定价银三钱八分整，亲手领回应用。其木自卖之后，任从买主修理管业，卖主不得异言。倘有来路不明，拘（俱）在卖主理落，不关买主之事。今恐无凭，立此断卖杉木为据。

代笔　姜开渭

道光二年二月初四日　　立

①皆也苟，苗语意为狗田的下边。

立断賣杉木約人本房姜廷華父子為因家中缺少粮食無処所出自愿將到杉木乙塊坐落土名白南小地名皆也苟兩边溪又小田乙丘價艮二錢正出賣與姜廷德名下承買為業當面凭中議定價銀三錢八分整親手領回應其木自賣之后任從買主修理管業賣主不得異言倘有來路不明拘在賣主理落不關買主之事今恐無凭立此断賣杉木為據

代筆姜開渭

道光二年二月初四日立

# 姜世清党纣荒坪及杉木断卖契

立断卖土与荒坪又杉木乙根、又翻孤顺约人本房姜世清。为因家中缺少无处所出，自愿将到荒坪乙块，坐落地名党纣。又杉木乙根，坐落地名党养，在世璜之田各[1]禁杉木乙根。此（又）翻孤顺之土乙块，此翻孤顺之木先年卖与父姜廷德，后卖土与子姜开明。此翻孤顺之木界限前约立清。此三处出卖与子姜开明名下承买为业。当日凭中议定价银七两整，亲手收足，恁从买主修理管业。如有来路不明，拘（俱）在卖主理落，不关买主之事。恐口南（难）凭，立此断卖约为据。

代笔　姜开渭

道光二年二月十乙日　　立

①田各，即田角。锦屏方言读“角”字为“各”音。

立斷賣土名坵坪又杉木山根又翻孤順約人本房姜世清為因家中缺少無處所出自愿將到坵坪山塊坐落地名党紂又杉木山根坐落地名党養在世璜之田各禁杉木山根此翻孤順之坵山塊此翻孤順之木先年賣與父姜廷德後賣與子姜開明此翻孤順之木界限前約立清此三處出賣與　子姜開明名下承買為業當日憑中議定價銀乙兩整親手收足憑從買主修理管業如有來路不明　俱在賣主理落不關買主之事恐口無憑　立此斷賣約為據

代筆姜開渭

道光二年二月十七日　立

# 姜世达父子下腊山杉木栽手断卖契

立断卖栽手杉木约人扒洞寨姜世达、子老东。为因要艮用度,自愿将到先年得栽姜绍良之山一块,土名下蜡山,此山界至:上凭油山坎,下凭下老路,左凭路与挖硁(径)[①]、凭割额、凭白蜡树[②]至下凭地梁为界,右凭领(岭)为界,四处界限分清。此山分为二大股,土主占一股,栽主占一股。今将栽手乙股出卖与加池寨姜开明名下承买为业。当日凭中议定价银四两捌钱整,亲手收回应用。其杉木自卖之后,任从买主修理管业,卖主不得异言。倘有不清,俱在卖主理落,不关买主之事。今幸有凭,立此卖字永远存照。

凭中　姜维明

代笔　姜绍祥

道光二年四月十四日　　立

①挖硁(径),指用锄头挖掘用以作为界线的路线。

②白蜡树,落叶乔木,在树上放白蜡虫,可结出白蜡。清代中后期锦屏等清水江沿岸民众多有种植,系经济树种之一。

立斷賣栽手杉木約人扒洞寨姜世遠子老表爲因要艮用度
自愿將到先年得栽姜紹良之山一塊土名下鍇蜡山此山界至
上憑油山坎下憑岩下路左憑路西挖硜憑割嶺憑百鍇蜡樹至下
憑地渠爲界右憑顚爲界四處界限分清 此山分爲二大
股土主佔一股栽主佔一股今將栽手一股出賣與
加池寨姜開明名下承買爲業當日憑中議定價銀
四兩捌錢正親手收回應用其杉木自賣之后任從
買主修理管業賣主不得異言倘有不清俱在賣
主理落不與買主之事今幸有憑立此賣字存照

憑中姜維明
代筆姜紹祥

道光二年　四月十四日　立

## 张必龙弟兄乌什杉木栽手断卖契

立断卖栽手杉木契人会同县张必龙、必余、必交弟兄。为因缺少粮食，无处设法，弟兄计议自愿将到先年得栽杉木贰团，地名乌什朝英祖魂[1]边。杉木贰股均分，地主占乙股，张姓占栽手乙股。上凭路，下凭路，左凭岭，右凭岭。又将乙团地名乌慢成瑜，杉木贰股均分，地主占乙股，栽手占乙股。上凭沟，下凭田，左凭坎，右凭坎，四至分明。张姓难得守住为业[2]，将贰处栽手出卖与姜成德名下承买为业。当面议定价银六钱整，当时过价分厘无亏。其木自（卖）之后，恁凭地主管业，栽主不得异言。今欲有凭，立此断卖为据。

道光二年五月廿八日姜枝俊笔　　立

①朝英祖魂，即朝英家祖坟。魂，系"坟"字之误。

②"张姓难得守住为业"，此句意为张必龙兄弟因生活困难，不能等到所佃栽的乌什杉木长大成材后砍伐出卖获得较大利益，只得提前将所分得的栽手股份出卖以解燃眉之急。

立断賣栽手杉木契人會同縣張必龍必脩必文弟兄為因缺少糧食無處
得弟兄許議自願將到先年得栽杉木弍團地名烏什朝英祖迪杉木弍股扒
地主占山股栽錢占栽手山股上憑路下憑路左憑嶺右憑嶺又將山團地名烏慢杉
弍股均分地主占山股栽手占山股上憑溝下憑田左憑坎右憑坎四至分明張姓
守任為業將弍處栽手出賣與姜成德名下承買為業當面議定價銀一兩
當時過價分厘無欠其木自賣之后任憑地主管業栽主不得異言今欲有憑立此
賣為據

道光弍年五月廿八日　姜枝俊筆　立

# 姜朝弼皆料脚杉木山场断卖契

立断卖杉木山场约人本寨姜朝弼。为因家中缺少费用，无处所出，自愿将到土名皆料却（脚）山场乙块，左凭廷芳之木，右凭溪，上凭田，下凭岩梁为界，四至分清。其山杉木分为贰拾股，朝弼名下占乙股；又将到冉皆笼杉木山场乙团，左凭溪，右凭开明木，上凭之毫三公之木①，下凭岩梁为界。其山分为五股，地主占三股，栽手占二股。此地主之三股先龙弟兄占乙股，合龙弟兄占乙股。先年得买素龙之半股，朝弼、朝英五人之乙股分为五小股。朝弼又占乙股，连代（带）得买与本名②，共出卖；又将冉皆什杉木乙团，左凭佐兴之木，右凭宗周之木，上凭路，下凭溪为界。此山杉木分为十五股，朝弼名下占乙股，出卖与姜开明名下承买为业。当日议定价银叁两五钱整，入手领回应用。自卖之后，恁凭买主修理管业。倘有不清，俱在卖主上前理落，不关买（主）之事。今恐无凭，立此断卖杉木山场约为据。

代笔　姜开渭

道光三年二月十八日　　立

①三公，指加池寨姜甫明、姜甫元、甫臣三位先祖，大致生活在清康熙至乾隆年间。之毫三公之木，指之毫等所共三公遗下尚未分的山林。

②连代（带）得买与本名，此句意思是卖主姜朝弼得买他人的一股并同其原来所占的一股。

立断賣杉木山塲約人本寨姜朝弼為因家中缺少費用無処所出自愿將到土名皆料邦山塲乙塊左憑延芳之木右憑溪上憑田下憑岩様為界四至分清其山杉木分為弍拾股朝弼名下占乙股又將到冉皆籠杉木山塲乙團左憑溪右憑開明木上憑之毫三公之木下憑岩様為界其山分為五股地主占三股栽手占二股此地主之三股先龍弟兄占乙股合龍弟兄占乙股先年得買素龍之半股朝弼朝英五人之乙股分為五小股朝弼又占乙股連代得買典本名共出賣又將冉皆什杉木乙團左憑任興之木右憑宗周之木上憑路下憑溪為界此山杉木分為十五股朝弼名下占乙股出賣典　姜開明名下承買為業當日議定價銀叁兩五錢整入手領回應用自賣之后任憑買主修理管業倘有不清俱在賣主上前理落不關買之事今恐無憑立此断賣杉木山塲約為據

代筆　姜開渭

道光三年二月十八日　立

# 姜老上穷耶杉木山场断卖契

立断卖山场杉木契人本家姜老上。为因缺少粮食,无处设法,自愿将到祖所遗杉山乙团,地名穷耶。其山分为四股,廷柄占乙股,廷香占乙股,买主占一股,上凭之琏老木为界,下凭冲,左凭岭为界,右凭岭为界,四至分明。今将本名占乙股出卖与姜开明名下承买为业,当面议定价银柒钱整,亲手收回应用。自卖之后,恁从买主管业,卖主不得异言。今欲有凭,立此断卖为据。

凭中代笔　之俊

道光三年三月廿六日　　立

立斷賣山場杉木契人本家姜老上為因
缺少糧食無處設法自願將到祖所遺
杉山一團地名窮勒其山分為四股廷柄占一股
廷香占一股（買主占一股）上凭之種老木為界下凭沖左
凭嶺為界右凭山嶺為界四至分明今將本
名占乙股出賣與　姜開明名下承買
為業當面議定價銀柒錢整親手收回
應用自賣之后任從買主管業賣主不得
異言今欲有凭立此斷賣為據

凭中代筆之俊

道光二年三月廿六日　立

# 陆光和补损杉木断卖契

立断卖杉木约人中仰寨陆光和。为因缺少用度,情愿自栽杉木坐落土名补损,杉木乙槐[①],请中问到出卖与加池寨姜开明名下承买为业。当日凭中三面议定价银乙两二钱整,亲手领回应用。其杉木自卖之后,恁凭买主修理管业,以后不得异言。今欲有凭,立此卖字为据。

凭中　姜老现

代笔　陆光世

道光三年八月初三日　　立

①槐,系“块”字繁体字之误。

立斷賣杉木約人中仰寨陸先和
為因缺少用度情願自栽杉木坐
落土名補梢杉木乙榥請中問到
出賣與加池寨
姜開明名下承買為業當日憑中三
面議定價銀乙兩二錢整親手領回應
用其杉木自賣之後係憑買主修理管
業以后不得異言今欲有憑立此賣
字為據

憑中姜老現

代筆陸先世

道光三年八月初三日立

## 姜官绞坐略油山断卖契

立断卖油山约人本房姜官绞。为因家中缺少艮用，无处所出，自愿将到坐略油山一块出卖与姜开明名下承买为业。当日凭中议定价艮叁两伍钱，亲手收回应用。其油山自卖之后，买主修理管业，卖主不得异言。今恐无凭，立此卖字是实。

外批：界限，上凭小凹，下凭之琏杉木，左凭之琏杉木，右凭栽岩为界。

代笔　姜之模

道光三年拾贰月廿陆日　　立

立斷賣油山約人本房姜官絞為因家
中缺少艮用無處所出自願將到坐
界油山一塊出賣與
姜開明名下承買為業當日憑中議
定價艮叁兩伍錢親手收回應用其
油山自賣之後買主修理管業賣主
不得異言等恐無憑立此賣字是實
外批界限上憑小四下憑之埋杉木左憑之埋杉木右憑栽岩為界
代筆姜之模
道光三年拾貳月廿陸日　立

# 龙长生油茶树和菜园断卖契

立断卖茶树[①]并土约人龙长生。为因家中缺少良用,无处所出,自愿将断与 姜开明名下承买为业。议定价壹两五钱整。其园上凭杉木乙根,下凭鸡蚤树[②],左凭竹都[③],右凭墓边,四至分明。今恐无凭,故立卖字为据。

凭中　姜之琏

代书　姜之模

道光三年十二月廿陆日　　立

①茶树,指油茶树。

②鸡蚤树,即鸡爪树,又名鸡爪拐。

③竹都,即楠竹蔸。

立断卖茶樹並土約人龍長生為因家中夬少艮

用無處所出自愿將断與

姜開明名下承買為業議定價壹兩五卜忠

其園上憑杉木乙根下憑雞冠樹左憑竹都右憑

墓迎四至分明今恐無憑故立賣字為據

憑中姜之璉

代筆姜之模

道光三年十二月廿陸日立

# 姜开元兄弟培纣山场杉木断卖契

立断卖山场杉木约人本家姜开元书兄弟四人。为因要银用度，自愿将到山场二块，地名培纣。其山界至：上凭老苏沟田，下凭岩洞，左凭小冲，右凭田角以领(岭)为界。又杉木乙块，土名培纣。其木分为二股，老苏占乙股，弟兄四人占栽手乙股，其木在宗周田坎下，上凭田，下凭路，左凭领(岭)，右凭德廷之木为界，四至(分明)。其山二处出卖与姜开明名下承买为业。凭中议定价银伍两整，亲手收回应用。其山自卖之(后)，任凭买主修理管业，卖主不得异言。今恐无凭，立此断约永远存照。

凭中　姜朝弼　世清

代笔　姜世爵

道光三年十二月廿七日　　立

立断賣山場杉木約人本家姜開書、元兄弟
四人為因要銀用度自愿將到山場二
塊地名培紂其山界至上凴田兔猴塝下凴岩洞左凴
小冲右凴田角以領為界又杉木乙塊土名
培紂其木分為二股老藕占山股弟兄四人
占栽手山股其木在宗周田砍下上凴田下
凴路左凴領右凴德廷之木為界四至其山二処出
賣與　姜開明名下承買為業凴中議定
價銀伍両整親手收回應用其山自賣之任
凴買主修理管業賣主不得異言今恐無凴
立此断約永遠存照

凴中姜朝卿　世清
代筆姜世爵

道光三年十二月廿七日　立

## 姜廷才眼沟否杉木断卖契

□□卖杉木约人本寨姜廷才。□□家下缺少银用,无从得出,自愿将到杉木坐落地名眼沟否,上凭顶,下凭岩梁,左凭洪路以大冲,右凭岭为界。此山之木分为三大股,姜开明名下占二股,姜廷才、现兰兄弟占乙股。廷才今将半股出卖与姜开明名下承买为业。当日三面议定价银五两八钱整,亲手领回应用。自卖之后,恁从买主修理管业。日后卖主不得异言。如有来路不明,拘(俱)在卖主理落,不与买主之事。恐口无凭,立此卖断约存照。

凭中　姜世清

代笔　姜通文

道光三年十二月廿八日　　立

[illegible]賣杉木約人本寨姜廷才
家下缺少銀用無從得出
自愿將到杉木坐落地名眼溝丢
上憑頂下憑岩梁左憑洪路以大
冲右憑顧爲界此山之木分爲三
大股姜開明名下占二股姜廷
才現蘭兄弟占乙股廷才今
將半股出賣與
姜開明名下承買爲業當日
三面議定價銀五兩八分整
親手領回應用自賣之
后憑從買主修理管業日
後賣主不得異言如有來
路不明物在賣主理落不
與買主之事恐口無憑立
此賣斷約存照

憑中姜世清 代筆姜通文

道光三年十二月廿八日立

# 孙帮约兄弟蔡书等处杉木栽手断卖契

立断卖杉木约人天柱县孙邦约、邦彦弟兄四人。为因要艮用度，自愿将到先年所栽之杉木四块：一处地名蔡书[1]屋地坪角的下边岭，上凭岩梁至冲至格翁之坟山之冲为界，下凭溪与河为界，左凭大冲又凭屋地坪角为界。此山分为拾股，栽手二股，地主占八股，邦约弟兄占栽手一股。又番独勇栽手一块，与龙长生所共，分为拾股，邦约弟兄占栽手一股。又番独勇栽手一块，与龙长坐所共，分为拾股，邦约弟兄占栽手一股。又地名冉皆笼，是在现华田坎下，左凭冲凭朝英弟兄山为界，右凭岭，上凭买主三公之木，下凭岩梁，分为五股，邦约弟兄占二股。刚套在杨老二屋坎上下二块，分为五股，邦约弟兄占二股，其有界限俱是买主之山。一共四处，卖与地主姜开明名下承买为业。当日受过价艮拾两正，亲手收回应用。自卖之后，任从买主修理管业，栽手卖主不得异言。今据有凭，立此断卖字约为据。

凭中　张必有　本寨姜开渭

代笔　杨通有

道光三年十二月廿八日　　立

①蔡书，其他文书也写作“在书”、“再书”、“菜书”等，苗语意为河水洗过的沙坝。在加池寨脚清水江边，已为三板溪电站水库淹没。

立斷賣杉木約人天柱縣孫拜約、紹廣弟兄四人，為因要銀用度，
自愿將到先年所栽之杉木四塊一處，地名茶書屋地坪角的下边嶺
上挠岩梁至冲至松翁之坡，上至冲為界，下挠溪坎河為界，左挠
大冲又挠屋地坪角為界。此山分為拾股，栽手五股，地主占八股，拜
約弟兄占栽手一股，又番獨惠栽手一塊，與龍長生所共分為拾股，
拜約弟兄占四股栽手一股，又地兄將皆籠是在現華田坎下右挠
冲挠刘英弟兄山為界，右挠嶺上挠買主二公之木，下挠岩梁
分為五股，拜約弟兄占二股
剛奏在楊老二家佔块上下二塊，分為五股，拜約弟兄占二股，其有
界限俱是買主之山。一共四處，賣與地主姜開明名下承買為業。
當日受過價銀拾兩正，親手收回應用。自賣之後，任從買主修理
管業，栽手賣主弟兄不得異言。今欲有憑，立此斷賣字約為據。

憑中 張以有 本家 姜開渭

代筆 楊通有

道光三年十二月廿八日 立

## 姜生桥兄弟兄榜开山场杉木断卖契

立断卖山场杉木契人姜生桥、贵桥。为因缺少□资，自愿将到兄榜开杉山乙团，其山十贰股均分，生桥弟兄占乙股。上凭凹，下凭之琏、之毫之山为界，左凭岭，右凭成凤为界。又将改彦冉野施[①]路坎上乙冲，其山四股均分，弟兄占乙股，上凭成凤，下凭岩洞，左凭迫坡以登文为界，右凭迫坡为界，四至分明。今将二处请中出卖与姜开明名下。实断过价银贰两整，当时过价，分厘无亏。恁凭买主管业。今欲有（凭），立此断字为据。

凭中　姜元芳

道光三年十二月廿九日世琏笔　　立

①改彦冉野施，苗语译音，意为下节山岭田下边。改，读"该"音。

立斷賣山場杉木契人姜生橋貴橋為因缺少
之資自愿將到先人開杉山一團其山十弍
股均分生橋弟兄占一股上憑凹下憑之璉之
毫二山為界左憑嶺右憑戎鳳為界文將
啟座丹野旋路坎上一冲其山四股均分弟兄占
一股上憑戎鳳下憑岩洞左憑迫坡以發文
為界右憑迫坡為界四至分明今將二處請中
玉賣與
姜開明名下實斷過價銀弍兩整當時過價
分厘無虧憑中買主管業今欲有憑立此斷字
為據

憑中姜元芳

道光三年十二月廿九日世璉筆立

## 孙邦约弟兄蔡书杉木栽手断卖契

立断卖栽手杉木约人孙邦约、邦彦弟兄。为因要艮用度，无处所出，自愿将到生年[1]得栽开明、世荣二人之山，地名蔡书上边乙块，上凭屋地基，下凭大河，左凭老木，右凭老木为界。此山地主、栽手分为十股，邦约、邦彦弟兄占乙股，出卖与姜开明名下为业，议定价银贰两五钱整，亲收应用。自卖之后，任从地主管业，栽手弟兄不得异言。今据有凭，立此断卖栽手杉木为据。

亲笔

道光三年十二月三十日　　立

①生年，即先年。孙邦约兄弟是天柱县人。旧时天柱县侗腔汉语，读"生"字为"兴"音，读"先"字亦为"兴"音，故先年写成生年。

立斷賣栽手杉木約人孫郁約、郁彥弟兄，
為因要艮用度無出，所以自愿將到先年得栽
開明、世榮二人之山地，名土麻書，上边以塝上見屋坪基，
下憑大河，左憑老木，右憑老木為界。此山地主栽手
分為十股，郁約、郁彥弟兄占乙股，出賣與吳開明
名下為業。議定價錢弍兩五分，入手親收應用。自賣
之後，任從地主蓄禁栽手，弟兄不得異言。今欲有
憑，立此斷賣栽手杉木為據。

親筆

道光三年十二月三十日　立

# 姜廷财乌什溪杉木卖契

立卖杉木人加什姜廷财。今因家下要银用度,无从得处,自己将到地名乌什溪杉木乙团,五股君(均)分,地主三股,栽手二股。姜廷财乙股卖与潘常明。当日义(议)定价银四钱整,其艮卖主领收。其杉木乙股任从买主耕修为业。今开四抵:上抵姜学忠地脚,左平(凭)岭,右平(凭)岭,下抵姜支毫地头为界,四抵分明。今欲有凭,立此卖契文约永远存照。

凭忠　吴岩桥

代笔　吴永高

道光四年正月十九日　　立

立賣杉木人加什姜廷財今因家下要銀用度無從得處自己將
到地名烏什溪杉木山一團五股君分地主三股栽手二股姜廷財乙
股賣與潘常明當日義定價銀四錢整其艮賣主領收其杉木上股
任從買主耕修為業今開四抵上抵姜孝忠地脚左平領右平嶺下
抵姜支毫地頭為界四抵分明今欲有憑立此賣契文約永遠存
照

憑忠 吳岩橋

代筆 吳永高

道光四年正月十九日 立

## 姜世清冉垢否杉木断卖契

立断卖杉木约人本寨姜世清。为因手中空乏，无处得出，自愿将祖遗杉木乙团，地名冉垢否，上凭顶以洪为界，下凭岩洞为界，左凭小冲与文斗之山为界，右凭岭为界，四至分明。其山杉木分为六股，世清名下实占三股。先年所卖二股与开明，余存乙股。今又将此乙股出卖与姜开明名下承买为业。当日凭中议定价银伍两六钱整，亲手收足。自卖之后，恁凭买主管业。其有不清之处，俱在（卖主）理落。恐后无凭，立此卖杉木存照。

凭中　姜生兰

代笔　姜开文

道光四年二月初一日　　立

注：此份文书存有两份，有一份系草稿。

立斷賣杉木約人本寨姜世清為因手中空乏無處得出自願將
祖遺杉木山壹團地名丹堦杳上憑頂以拱為界下憑岩洞為界左憑
小冲與文斗之山為界右憑嶺為界四至分明其山杉木分為六股
世清名下実占三股先年所賣二股與開明餘存乙股今又將此山股
出賣與姜開明名下承買為業當日憑中議定價銀伍兩六分整
親手收足自賣之後任憑買主管業其有不清之處俱在賣人理落恐
後無憑立此賣杉木存照

憑中姜佳蘭
代筆姜開文

道光四年二月初一日　立

# 姜开礼弟兄冉皆笼杉木栽手断卖契

立断卖栽手杉木契人姜开礼、开胜弟兄。为因家中缺少费用,自愿将到冉皆笼杉木出卖。其山界趾(址):上凭之豪新田角至岭为界,下凭岩洞为界,左凭冲,右凭买主之山为界。其木分为五股,地主占三股,栽手占二股。今将栽手二股出卖与姜开明为业。当面议定价银壹两六钱整。其木自卖之后,恁凭买主修理管业,卖主不得异言。今欲有凭,立此断卖为据。

道光四年二月廿二日姜芝俊笔　　立

皆笼之田角山契。

皆銷 三百有 山契

立斷賣栽手杉木契人姜開禮、開勝弟兄，為因家中缺少費用，自愿將到冉堵龍杉木出賣，其山界趾上憑之豪新田角為界（至頭），下憑岩洞為界，左憑冲，右憑買主之山為界，其木分為五股，地主占三股，栽手占二股，今將栽手二股出賣與姜開明為業，當面議定價艮壹两六錢。悉其木自賣之后，任憑買主修理管業，賣主不得異言。今欲有憑，立此斷賣為據。

道光四年二月廿二日姜芝俊筆　立

# 姜目连党周山场杉木断卖契

立断卖山场杉木约人本寨姜目连。为因家中用度，自愿到土名党周，在登文、世昌大田砍下杉木乙块，上凭登文、世昌田下为界，下凭下岩洞，左凭登文田中间，右凭世昌田角与小冲为界，四至分清。其木分为伍股，栽手占贰股，土主□叁股。将土主之叁股又分五股，目连名下占乙股，出卖姜开明名下承买为业。当日凭中议定价银乙两七钱□，亲手收回应用。自卖之后，恁从买主修理管业。倘不清，俱在卖主理落，不关买主之事。今恐无凭，立此卖杉木存照。

内添四字

姜世黄　笔

道光四年三月初三日　　立

立斷賣山場杉木約人本寨姜日蓮為因家中用度自愿

到地名党周在登文世昌大田砍下杉木山塊上憑登文嶺與

田下為界下憑下岩洞左憑登文田中間右憑世昌田角與

小冲為界四至分清其木分為伍股栽手占弍股土主

叁股將土主之叁股又分五股日蓮名下占乙股出賣

姜開明名下承買為業當日憑中議定價銀七□錢

親手收回應用自賣之后恁從買主修理管業

不清俱在賣主理落不関買主之事今恐無憑立此

賣契存照

内添□字

姜世黄筆

道光四年二月初三日立

## 姜生兰党羊山场断卖契

立断卖山场约人本寨姜生兰。为因家中缺少用度，自愿把党羊老一田角山场乙块，上凭文善木，下凭奉兰木，左凭白坡冲至田为界，右凭岭为界，四至分清。其山分为伍股，生兰父子名下占乙股，出卖与姜开明名下承买为业，当日议定价艮九钱整，亲手收回。自卖之后，恁凭买主管业。倘有不明，俱在卖主理落，不关买主之事。今恐无凭，立此断卖山场存照。

姜世黄　笔

道光四年三月初八日　　立

立断賣山塲約人本寨姜生蘭為因家
中缺少用度自愿將党羊老一田角山塲
乙塊上凴文善亦下凴秦蘭亦左凴白坡
中至田角冲界
右凴岭為界四至分清其山分為伍股出
蘭父子名下占山股出賣與
姜開明名下承買為業當日議定價主
九錢整親手收回自賣之后任憑買主
管業倘有不明俱在賣主理落不関買
主之事今恐無凴立此断賣山塲存照

姜世黄筆

道光四年二月初八日　立

# 范国连父子冉在丹杉木栽手断卖契

立断卖栽手杉木约人剪宗寨[1]范国连父子。为因要银用度，无处得出，自愿将到先年所栽之木，地名冉在丹下去的右边岭，其木界限：上凭文盛、朝英之山为界，下凭河，左凭岭与之毫之山至河为界，右凭大冲为界，四处分明。其木分为四大股，地主占叁股，栽手占乙股，出卖与加池寨姜之毫、枝模、开明承买为业。当日凭中议定价银叁拾捌两整，亲手收足，房族无人争论。如有来路不明，拘（俱）在卖主理落，不与买主何干。今恐无凭，立此断卖为据。

外妣（批）：得买栽手乙股，又分为三少（小）股，之毫、之连占乙小股，之模一人占乙小股，开明、开文二人占乙小股。外添"父子"、"占"、"立"四字。

凭中　姜文玉

代笔　姜开渭

道光四年三月廿八日　　立

①剪宗寨，即今锦屏县河口乡锦宗村，在加池上方清水江北岸，距加池约 8 公里。2013 年有 160 户，710 人。有范、潘、彭、杨、李、姜、马、周、刘、曾 10 姓，范、潘二姓人较多。分锦宗、培了两个自然寨，锦宗为苗寨，培了为侗寨。剪宗，苗语的读音为"jiàn shōng"，意为坐落在架枧山坳上的寨子。

立文字断賣栽手杉木約人蔣宗寨范閏連
為因要銀用度無处得出自愿将到
先年所栽之木地名冉在冊下去的右
边嶺其木界限上憑文盛朝英之山
為界下憑河左憑嶺與之毫之山至
河為界右憑大冲為界四处分明其木
分為四大股地主占叁股栽手占乙股
出賣與加池寨姜之毫模開明承
買為業当日憑中議定價銀叁拾捌两
整親手收足房族無人争論如有
来路不明拘在賣主理落不與買
主何干今恐無憑立此断賣為據

外批得買栽手乙股又分為三小股毫之之連占乙小股之模
一人占乙小股開明開文二人占乙小股

外添文字占立四字

憑中姜文玉

代筆姜開渭

道光四年三月廿八日立

# 姜成珍冉皆什杉木山场断卖契

立断卖杉木山场字人本寨姜成珍。今因要艮用度，愿将到山场杉木土名冉皆什上边岭，其山界限：上凭宗周与开明之木为界，下凭冲为界，左凭冲为界，右凭之毫与开明之山界，四处分明。其木土股分为三大股，成珍四弟兄占乙股，一股又分为四股，成珍名下占乙股出卖与姜开明名下为业。当日议定价艮乙两一钱整，亲手收回应用。自卖之后，任凭买主修理管业，卖主不得异言。今据有凭，立此断卖山场杉木字为据。

凭中　姜世清

亲笔　姜成珍

道光四年四月初十日　　立

立斷賣杉木山塲字人本寨姜成珍，今因要銀用度，願將到山塲杉木土名冉皆什上边山嶺，其山界限上憑宗周與開明之木為界，下憑冲為界，左憑冲為界，右憑之毫與開明之界，四抵分明。其木土股分為三大股，成珍四弟兄占乙股，一股又分為四股，成珍名下占乙股，出賣與姜開明名下為業。當日議定價艮乙兩一分整，親手收回應用。自賣之后，任憑買主修理管業，賣主不得異言。今據有憑，立此斷賣山塲杉木字為據。

憑中　姜世清

親筆　姜成珍

道光四年四月初十日　立

# 姜苏连兄弟穷故宠杉木断卖契

立断卖杉木约人本家姜苏连、位连兄弟。为因家下缺少费用，自愿将到杉木地名穷故宠。其开界限：上凭岩梁上至宋家栽之木为界，下至半冲至开文、世荣之山为界，左右凭岩洞，四至分明。其木分为四股，老苏弟兄名下占乙股。又地名皆也乌①杉木，分为五股，老苏弟兄占二股。其有界至：上凭岩洞与廷烈之田为界，下凭溪，左凭大岩洞为界，右凭老苏田坎下为界与张家栽之木为界。又地名培九宗周田坎下之杉木，上凭路至田角为界，下凭德廷、成凤、廷烈、宗周山为界，左凭田角以岭为界，右凭冲。其木地主分为三股，老苏弟兄占乙股。三处出卖与姜开明名下承买为业。当日凭中议定价银叁拾陆两整，亲手收回应用。其山至卖之后，恁从买主修理管业，卖主不得异言。今据有凭，立此断卖杉木为据。

凭中　姜世清

代笔　姜世爵

道光四年四月十九日　　立

①皆也乌，加池苗语读“gāi liě ōu”，意为烂水田下边，在加池西南方1.5公里处，乌漫溪桥下边。

立斷賣杉木約人本家姜藴連位連兄弟為因家下缺少費用自願
將到杉木地名[illegible]其開界限上凴岩梁上至米嶺栽之木為界下凴[illegible]
至開文世榮之山為界左右凴岩洞四至分明其木分為四股老藴弟兄名
下占山股又地名皆也烏杉木分為五股老藴弟兄占二股其有界至上凴岩
洞與廷烈之田為界左凴大岩洞為界右凴老藴田坎下為界與張家栽
之本木為界又地名培九宗周田坎下之杉木上路至田角為界下凴德廷戒
鳳廷[illegible]宗周山為界左凴田角以嶺為界右凴沖其木地主分為三股老藴
弟兄占一股三股出賣與　姜開明名下承買為業當日凴中議價銀
叁拾[illegible]整親手收回應用其山主賣之後任從買主修理管業賣主不
得異言今[illegible]有凴立此斷賣杉木為據

凴中　姜世清
代筆　姜世爵

道光四年四月十九日　立

## 姜元芳从做杉木栽手卖契

立卖栽手杉木人姜元芳。因先年所栽从做[1]山场乙团，今木成林长大，自愿出卖与姜开明、文弟兄承买为业。当日凭中议定价银贰两四钱整，亲手收回应用。其木自卖之后，各自买主管业，卖主不得异言。如有异言等情，俱在卖主理落，不干买主之事。恐口难凭，故立卖字为据。

外批：上凭岩洞之上所有两路之木俱在内，下凭岩梁，左凭岭，右凭冲。

代书　姜之模

道光肆年润(闰)七月初一日　　立

①从做，苗语意为树木遮盖茂密从而显得很黑的山冲。

立賣栽手杉木人姜元芳因先年所栽從做山場之團今木成林長大自
愿出賣與　姜開文明弟兄承買爲業當日憑中議定價銀貳兩四錢正親
手收回應用某自賣之後各自買主管業賣主不得異言如有異言等情俱在
賣主理落不干買主之事恐口難憑故立賣字爲據
外批上憑岩洞之上所有兩路之木俱在內下憑岩梁左憑嶺右憑冲

代書姜之模

道光肆年閏七月初一日　立

# 姜文玉等众姓头人乌什党蒿地坪断卖约①

立断卖荒坪约人本寨众姓头公姜文玉、成凤、之琏、之毫、龙祥生、宗周、廷才、开礼、华周、廷烈、朝英、思贤、世和。众等计议，自愿将到乌什党蒿②张姓所坐之地坪出卖与姜开明名下承买为业。当面议定价银贰两伍钱整，入手收回。自卖之后，恁凭买主开垦耕种管业，卖主众人不许阻止。倘有不清，俱在众等理落，不关买主之事。今欲有凭，立此断卖为据。

朝弼
凭中　姜世培
合龙

道光四年润(闰)七月初六日之俊笔　　立断是实

①加池寨众头人公卖张姓所住之屋地坪，疑为张姓佃户犯事。公众出卖其资产系对其的处罚。清代加池等寨对外地进来求佃的人要求甚严，如有违犯乡规约法的，轻者罚交银两，重者捆送官府，没收其财产等。

②乌什党蒿，在加池西南方2公里的清水江右岸，苗语读为“ōu xī gàng hāo”。

立斷賣荒坪約人本寨衆姪領公姜文玉成鳳之璉之毫龍祥生宗周保之才開礼
華周遇烈朝英恩贇世和衆等計議自愿將到烏什党蒿張姓所坐之地一坪出賣
每　姜開明名下承買為業當面議定價銀弍兩伍不悉入手收回自賣之后凭
憑買主開墾耕種管業賣主衆人不許阻止倘有不清俱在衆等理落不関買
主之事今欲有凭立此斷賣為據

憑中姜朝弼
世培
合龍

道光四年閏七月初六日　之俊筆　立斷是實

# 姜朝弼污抵等杉木断卖契

立断卖杉木约人本寨姜朝弼。为因家中缺少费用，无处所出，情愿将杉木五处：一处地污抵（计），上下二块，分为贰拾捌股，姜朝弼名下占壹股，除栽手在外；二处地名党秧上乙块，分为贰拾股，姜朝弼名下占壹股。地主又栽手分为四股，朝弼占壹股；三处地名党秧中壹团，分为贰拾伍股，朝弼本名占壹股，栽手在外；四处地名党秧世黄（璜）田角乙团，分为拾贰股，朝弼本名占乙股，栽手在外；五处地名皆于杉木一块，分为叁大股，朝弼弟兄占壹股，又分为五小股，本名占乙股。栽手分为叁大股，朝弼名下占栽手乙股。乙共五处。当面凭中出卖与本寨姜宗周、开明、世连、文现四人名下承买为业。议定价银陆两整，任凭艮主修理管业，长大发卖，不得异言。如有所异言，卖主尚（上）前理落，不关买主何干。今恐无凭，立此断约存照。

外批：开明、世连占乙股，文现、宗周占乙股。宗周二人乙股分为三小股，宗周占二股。

凭中　姜世培

代笔　姜之琏

道光四年十一月二十一日　　立

立斷賣杉木約人本寨姜朝弼爲因家中缺少費用無
處所出情願將杉木五處一處地名污抵上下二塊分爲貳拾
捌股姜朝弼名下占壹股除栽手在外二處地名黨秧上山塊
分爲貳拾股姜朝弼名下占壹股地主又栽手分爲四股朝
弼占壹股三處地名黨秧中壹團分爲貳拾伍股朝弼本名占
壹股栽手在外四處地名黨秧世黄田角山團分爲拾貳股朝弼
本名占山股栽手在外五處地名皆於杉木一塊分爲叁大股朝
弼弟兄占壹股壹股又分爲五小股本名占山股栽手分爲叁大股
朝弼名下占栽手山股山共五處當面憑中出賣本寨姜宗
周閔明世運文現四人名下承買爲業議定價銀陸兩壹錢
洗良主修理管業長大砍伐不得異言如有異言賣主向
前理落不關買主之事恐後無憑立此斷約存照

外批周明世運占一股文現宗周占
山股宗周五人山股分爲三小股余
周占二股

憑中 姜世培
代筆 姜子璋

道光四年 十一月 二十一日 立

# 姜老尚怀格山场杉木断卖契

立断卖山场杉木约人本房姜老尚。为因家中缺少用度，无处得出，自愿将到土名怀格[①]山场乙块在姜宗周田坎上。此山分为五股，老尚名下占乙股。又将到乙处土名六百山山场杉木乙块。其山地主分为六大股，姜廷炳、廷相、廷华、老尚四人名下占乙大股。一大股又分为四小股，老尚名下乙小股。出卖与姜开明名下承买为业。当日凭中议定价银壹两三钱整，亲手收回应用。自卖之后，恁从买主修理管业，卖主不得异言。倘有弟兄房族争论，俱在卖主理落，买主一事不管。今恐无凭，立断卖山场杉木为据。

凭中　姜合龙

姜世黄　笔

道光四年十一月廿八日　　立

①怀格，即培格，在加池寨西南边一里许。格，苗语意为松树。怀格，苗语意为松树坡。怀，旧时加池"怀"字读音与"排"、"培"字音相近。

立斷賣山場杉木約人本房姜老尚為因家中
缺少用度無処得出自願將到土名懷格山場山塊[illegible]
姜宗周田坎上此山分為五股老尚名下占乙股又將到
乙処土名六百山山場杉木山塊其山地主分為六
大股姜廷焰廷相廷華老尚四人名下占山大股老尚（大股又分為四小股）
名下山小股出賣與姜開明名下承買為業當日憑中議
定價銀壹兩三錢整親手收回應用自賣之后無従
買主修理管業賣主不得異言倘有弟兄房族爭論
俱在賣主理落買主一事不管今恐無憑立斷賣山
場杉木為據

憑中姜合龍

姜世發筆

道光十一年十一月廿八日　立

# 姜合龙不生油山断卖约

立断卖油山约人本寨姜合龙。为因家中缺少费用，无处得出，自愿将到土名不生，又驾鼎[①]下来右边油山乙块，出卖与姜开明名下承买为业。当日凭中议定价银壹两整，亲手收回应用。自卖之后，恁凭买主管业，卖主不得异言。倘有不清，俱在卖主理落，不关买主之事。今恐无凭，立断卖油山为据。

凭中　姜世才

代笔　姜世黄

道光四年十一月廿八日　　立

①驾鼎，即“架枧”，加池人读“鼎”字为“枧”音，意为架有木枧的地方。

立斷賣油山約人本寨姜合龍為因家中
缺少費用無處得出自願將到土名不生又
駕背下來右边油山乙塊出賣與
姜開明名下承買為業當日憑中議定價銀
壹兩整親手收回應用自賣之後恁憑買主管
業賣主不得異言倘有不清俱在賣主理落不
関買主之事今恐無憑立此斷賣油山為據

憑中姜世才
代筆姜世黄

道光四年十一月廿八日立

# 姜素龙阶敢山场杉木断卖契

立断卖杉木山场约人本房姜素龙。为因家中缺少，无银用度，自己所(栽)杉木乙块，坐落地名阶敢①，上凭光秀田坎，下凭开明之木，左凭岭，右凭冲为界，四至分明。其山分为五股，地主占三股，栽手占贰股。地主三股合龙、素龙兄弟二人占壹股，出卖本房姜开礼承买为业。当日三面议定价银三钱一分整，亲手领回。自卖之后，兄弟不得异言。倘有不清，俱在卖主理落，不与买主何干。买主上山修理管业。今恐无凭，立此断卖约永远存照。

代笔　姜世元

道光四年拾二月初三日　　立断

①阶敢，其他文书又写为“皆干”，苗语读为“该干”，意为蛤蟆坡下边。

立斷賣杉木山場約人本房姜素
龍爲因家中缺少無銀用度自己
所[redacted]杉木山塊坐落地名堦敢上蹺
光秀田坎下溪開明之木左溪嶺右
溪冲爲界四至分明其山分爲五股
地主占三股栽手占弍股地主三股合
龍素龍兄弟二人占壹股出賣本房
姜開礼承買爲業當日三面議定價
銀三两一分整親手領回自賣之後兄
弟不得異言倘有不清俱在賣主理
落不與買主何干買主上山修理管業
今恐無憑立此斷賣約永遠存照

代筆姜世元

道光四年拾一月初三日　立斷

# 龙廷彩等之什山场杉木断卖契

立断卖山场杉木约人龙廷彩、孙长生公孙二人。为因家下缺少银用，自愿将到祖遗山场杉木一块，土名之什，其山地主分为四十九两，本名占地主叁两伍钱柒分。其山界至：上凭文通祖坟，下凭大河，左凭冲以红路为界，右凭领（岭），四至分明。今将出卖与朱镐[①]名下承买为业。当日凭中议定价艮乙两贰钱伍分，其艮亲手领回家中应用。其山场杉木自卖之后，任凭买主管业，卖主不得异言。今欲有凭，立此断卖山场杉木字为据。

外批：廷彩一业卖两主[②]，蒙中解劝，二比自愿二股平分。

代笔
凭中　姜占鳌

道光伍年二月初六日　立

①朱镐，即朱洪章之叔祖父。朱洪章，文斗人，清咸丰、同治年间随曾国藩、曾国荃兄弟在江西、安徽、湖北等地镇压太平天国，官至总兵。曾率部用炸药炸塌太平天国都城南京城墙，首先攻入城中。朱镐于乾隆后期从今敦寨镇雷屯村移居今文斗寨。

②一业卖两主，指一块山先后卖给不同的人。此处龙廷彩先将之什山场卖与他人，后又卖与外乡新移至文斗居住之朱镐，造成权属混乱。

立斷賣山場杉木約人龍廷彩、孫長生公孫二人，為因家下缺少銀用，自愿將到祖遺山場杉木一塊，土名之什其山，地主分為四十九兩，本名占地主叁兩伍錢柒分。其山界至：上憑文通祖坟，下憑溪大河，左憑冲以紅路為界，右憑嶺，四至分明。今將出賣與朱鎬名下承買為業。當日憑中議定價艮乙兩弍錢伍分，其艮親手收回家中應用。其山場杉木自賣之後，任憑買主管業，賣主不得異言。今欲有憑，立此斷賣山場杉木字為據。

外批：廷彩一業賣兩主，受中解納，二比自愿，二股平分。

代筆憑中 姜占鰲

道光伍年二月初六日 立

# 姜奉兰弟兄乌十的皆培介杉木山场断卖契

□断卖杉木山场约人本房姜奉兰、善兰。为因家中要艮用度,无处所出,自原(愿)将到杉木山场乙块,坐落土名乌十的皆培介[1],在成瑜的田对面、刚套的一条冲。此山界限:上凭学宗之地梁为界,下凭之毫、老苏之山,左凭世连、之美之山以岭为界,右凭岭为界,四处分清。此山之木分为五股,地主占叁股,潘长明占栽手二股。地主之三股分为四小股,美保占二小股,东保占乙小股,奉兰、善兰占一小股。今将出卖与本房姜开明名下承买为业。当日凭中议定价七钱八分,亲手收回应用。自卖之后,任从买主修理管业,卖主弟兄日后不得异言。恐后无凭,立此断卖字约为据。

凭中　姜老苏

笔　姜开书字

道光五年六月十五日　　立

①皆培介,其他文书也写作"皆培格",苗语意为松树坡脚。

[redacted]斷賣杉木山場約人本房姜奉蘭姜善蘭煮民家中要艮用
[redacted]度無處所出自原將到杉木山場山一塊坐落土名烏十的背培爪在
求瑜的田对面刚食的山一条冲此山界限上憑李宗之地梁為界下
憑之豪老燕之山左憑世建之姜之山以嶺為界右憑嶺為界
四処分清此山之木分為五股地主占叁股潘長明占栽手二股地
主之三股分為四小股姜保占二小股東保占一小股奉蘭善蘭
占一小股今將出賣與本房
姜開明名下承買為業当日憑中議定價七兩八卜親手收回
應用自賣之后任從買主修理管業賣主弟兄後不
得異言恐后無憑立此斷賣字約為據

憑中姜老燕

筆姜開書字

道光五年六月十五日立

# 姜占魁之什山场杉木断卖契

立断卖山场杉木约人文斗寨姜占魁。为因家中缺少良用，无从得出，自愿请中将到坐落地名之什之山，分为四十九两，本名所占叁两叁钱陆分。其山界至：上凭格翁之坟山为界，下凭红口为界，左右凭冲，四至分明。今将凭中出断卖与朱镐二兄名下承买为业。当日凭中议定价银壹两四钱整，亲手领回应用。其山自卖之后，恁凭买主修理管业，卖主叔伯弟兄不得异言。今欲有凭，立此断卖山场杉木远永存照。

批：姜占魁一业卖两主，蒙中解劝，二比自愿二股平分①。

凭中　姜显相

占鳌

道光伍年十月初一日姜占魁亲笔　立

①此行字系后人所批。

立斷賣山塲杉木約人文斗寨姜占魁，為因家中缺少艮用，
無處得出，自願請中將到此路地名乂什之山，分為四大股，
本名所佔叁兩叁錢陸分，其山界至上憑格翁之塝山為
界，下憑紅口為界，左右憑沖，四至分明。今將憑中出斷賣與
朱鎬二兄名下承買為業。當日憑中議定價銀叁
兩四錢五分，親手領回應用。其山自賣之后，任憑買主修理
蓄禁，賣主叔伯弟兄不得異言。今欲有憑，立此
斷賣山塲杉木，永遠存照。

批：占魁一業賣兩主，蒙中解劝，二比自愿二股平分。

憑中 姜顺相
占鰲

道光伍年十月初一日 姜占魁 親筆 立

# 姜舒太弟兄皆也乌杉木断卖契

立断卖杉木约人本寨姜舒太、世法弟兄。为因家下缺少银用，无处得出，自愿将到杉木乙团，坐落地名皆也乌内边之，上凭岩洞以廷烈之田为界至老苏之田为界，下凭大溪，左凭岩洞为界，右凭三家之老木为界，四处分明。其山之木分为五股，买主占三股半，开文占半股，本名占乙股。今将本名乙股出卖与姜开明名下承买为业。当日凭中议定价银九两整，亲手收回应用。自卖之后，任从买主修理管业，买（卖）主弟兄外人不得争论。若有不清，俱在卖主弟兄理落，不关买主之事。今据有凭，立此断卖杉木字约存照。

凭中　姜德宗

代笔　姜世法

道光五年十一月初八日　　立

立斷賣杉木約人本寨姜廷太世法弟兄為因家下缺少銀用無處得出自愿將到杉木山場坐落地名皆也烏內边之上憑岩洞以廷烈之田為界至老蘇之田為界下憑大溪左憑岩洞為界右憑三家之老木為界四處分明其山之杉木分為五股買主占三股半本名占乙股今將本名乙股出賣與姜開明名下承買為業当日憑中議定價銀九兩整親手收回應用自賣之后任從買主修理管業本買主弟兄外人不得爭論若有不清俱在賣主弟兄理落不關買主之事今據有憑立此斷賣杉木字約存照

憑中姜德宗

代筆姜世法

道光五年十 月 日 立

# 也丹溪洞脚杉木土栽断卖契

立断卖土栽杉木约人文斗寨姜老先、老保、老望、老用弟兄四人。为因先年博借加池寨姜开明之银叁拾两，至今一十五年，本利无归，以致在司[①]主具控我弟兄一案。奈我弟兄自畏王法，复央中劝开明念我弟兄贫苦，自愿将也丹溪洞却（脚）[②]杉木乙块，下溪系在左边，界限：上凭草坡田为界，下凭也丹溪为界，左凭岭中间为界，右凭岩洞为界，四至分明。价值伍两。又将上团乙块，上凭土崩[③]至草坡为界，下凭水沟，左凭水沟角为界，右凭四爷山为界，四至分明。价值六两。其山木砍回家用，并无争股。砍下河卖，土股乙半。其山自卖之后，弟兄外人不得异言。倘有不清，俱在弟兄理落，有案可凭，立此断字为据。

凭中　姜之连　李福　杨枝荣　杨升

代笔　蒲必发

道光五年十二月二十二日　　立

①司，即黎平府龙里长官司。清康熙中期，加池、文斗等苗寨向黎平府输粮入籍，被划归龙里长官司管辖，直属于黎平府。清雍正年间设开泰县以后，又随龙里司划归开泰县，直到民国 3 年（1914 年）撤黎平府后才划归锦屏县。据锦屏县龙里司《杨氏族谱》记载，清康熙七年（1668 年）龙里长官司以武力迫使文斗等为其属寨。

②也丹溪洞却（脚），也丹，也写为“乜丹”、“里丹”，苗语读为”liě dān”，在加池东面 2 公里处，与文斗村交界，为一小田坝，是加池最大的水稻生产区。也丹，苗语意为大田。也，苗语意为田；丹，苗语意为“明显”或“突出”。也丹溪洞脚，苗语意为里丹溪水流下的崖洞下边。

③土崩，即自然滑坡处。

立斷賣土栽杉木約人文斗寨姜老先、老保、老望、老用弟兄四人為因先年借加池寨姜開明之銀叁拾兩，至今一十五年，本利無歸，以致在司主具控我弟兄一案。奈我弟兄自畏王法，復硤中勸開明念我弟兄貧苦，自願將地丹溪洞郎杉木山一塊，上下溪係在左邊界限，上憑草坡田為界，下憑地丹溪為界，左憑嶺中間為界，右憑岩洞為界，四至分明，價值伍兩；又將上團山一塊，上憑土崩至草坡為界，下憑木滿，左憑木滿角為界，右憑四爺山為界，四至分明，價值六兩。其山木砍回家用，並無爭股，砍下河賣土股山平。其山自賣之後，弟兄外人不生異言，倘有不清，俱在弟兄理落。有字可憑，立此斷字為外。

憑中　姜之連
　　　李福
　　　楊枝榮
　　　楊昇

代筆　滿必榮

道光五年十二月二十二日立

# 姜开元培格杉木栽手断卖约

立断卖杉木约人本房姜开元。为因家下要艮用度，无处得出，自愿将到亲手所栽之木乙块，并不与别人所共，山内大小木有贰百余根，坐落地名培格，在老苏田坎下，上凭田，下凭买主之木，左凭田角以冲为界，右凭岭，四至分清。又地名白南皆也大①在右边溪一块，大小有十多根，二处出卖与姜开明名下承买为业。当日凭中议定价艮乙两九钱整，亲手收回。自卖之后，任从买主上山修理管业，卖主弟兄不得异言。倘有不清，俱在卖主理落，不关买主之事。恐后无凭，立此断卖字是实。

亲笔姜开书字

道光六年二月初七日　　立

①白南皆也大，苗语译音，意为(加池)寨下边田坎下。

立斷賣杉木約人本房姜開元為因家下要艮用度無処得出自
愿將到親手所栽之木山一塊並不與別人所共山內大小木有弍百
餘根坐落地名培格在老蘇田坎下上憑田下憑買主之木左憑田角
以沖為界右憑嶺四至分清又地名白南皆也大在[illegible]右边溪一塊大小
有十多根二処出賣與
姜開明名下承買為業當日憑中議定價艮山兩九分悉親手收回
自賣之後任從買主上山修理管業賣主弟兄不得異言倘有不
清俱在賣主理落不與買主之事恐后無憑立此斷賣字是實

親筆 姜開元 字

道光六年三月初七 日 立

# 姜廷魁父子尾保山场股份断卖契

立卖山场杉木字人文斗寨姜廷魁、子通明父子。为因要艮使用，无出，自愿将到众上共山[1]二处，乙处土名尾保，上凭顶，下底（抵）河，左凭苗光[2]之山以小冲为界，右凭大冲；又乙处土名之什，上凭格翁坟山，下至河，左凭佐兴之山，右凭木红至文斗之山至河为界。此二处之山共四十九两二钱七分二厘，本名占乙两四钱五分七厘，出卖与加池寨姜开明名下承买为业。当日凭中议定价艮叁两五钱五分，亲手收用。自卖之后，恁凭买主管业，卖主不得异言。恐后无凭，立此卖字为据。

凭中　姜世琏

道光六年三月初八日通明亲笔　　立

①共山，有两种含义：一是几个人合伙买的山林，二是先祖遗留下来由房族人共有的山林。此处指后者。

②苗光，即今锦屏县河口乡瑶光村，在加池段清水江上游6公里处，2014年有410户，1853人。分中寨、里寨、上寨、党艾、九项、莲花山6个自然寨，有姜、张、范、龙、潘、饶、周、杨、常等姓。

立賣山場杉木字人文斗寨姜廷魁子通明父子[illegible]
因要艮使用無出自願將到寨上[illegible]山壹處土名[illegible]
處係上凭頂下底河左凭萬晃以溪之山小沖為界右凭大沖
又山壹塊土名二什上凭路領橫山下至河左凭佐四之
山右凭林紅岩交斗云山至河為界此二處之山共四十九兩
二錢本名占壹兩四分五厘七毫出賣與加池寨姜
開明名下承買為業當日凭中議定價艮叁兩
五錢五分親手收用自賣之後任凭買主管業
賣主不得異言恐后無凭立此賣字為據

凭中 姜世璉

道光六年三月初八日 通明親筆 立

# 姜文玉等党吼杉木断卖契

□□□□木契人众纲[1]姜文玉、成凤、现彩、文圣、朝英、开礼、开祥、德宗、元芳、世招、有连等。为因陆姓具控一案，缺少费用，众等商议，自愿将到土名党喉杉木乙团，上凭顶以路为界，下凭之毫田坎以上为界，左凭大岭以中间为界、□下至宗周之木至黎嘴[2]为界，右凭大路为界、中至凹为界、下至朝荣嫩木至大冲为界。其木分为贰大股，众纲占地主乙股，光辉占栽手乙股。今将土股[3]出卖与姜开明、之模名下承买为业。当面议定价银叁拾四两正，众纲亲收应用，恁凭买主管业。日后众等不得异言。恐说无凭，立此断卖为据。

凭 萧朝隆
　 姜合龙

道光六年四月廿二日姜之俊笔　　立

①锦屏等地旧称溪河为“江”，音读“纲”。清代至民国时期，人们称下河从事木材贸易为“下纲”。“众纲”或“纲友”均指互相邀约一起参加数量较多的木材贸易的伙伴。

②黎嘴，即犁嘴，指两边为冲沟所夹，形如尖犁嘴的山岭。

③土股，旧时锦屏林区的林木多分为土股和栽股。土股指土地所有者所占的股份。

立契人象綱姜文玉成鳳琨彩文聖朝英甫孔甸祥德宗
元芳世揚有連芳爲因陸姓具控一案缺少費用象芳論議自愿將到土
名党喉杉木山園上𡸣頂以路爲界下𡸣之毫田坎以上爲界左𡸣大
嶺以中間爲界抵下至宗周之木至黎哨爲界右𡸣大路爲界中至凹
爲界下至朝英檄木歪大沖爲界其木分爲弍大股象綱占地主
山股光輝占栽手山股今將土股出賣與
姜開明之模名下承買爲業當面议定價銀叁拾五兩憑象綱親
收領用憑買主管業日后象芳不得異言恐後無憑立此斷賣爲
據

憑滿朝隆
憑姜合庭

道光六年四月廿二日姜之俊筆立

# 姜朝英皆要脚杉木断卖契

□断卖杉木约人本寨姜朝英同侄开生二人。为因要银用度，自愿将到杉木贰股，地名皆要脚，在成瑜的沟坎下下截。此山界限：上凭买主之木，下凭河与岩梁，左凭买主之木，右凭大冲。其山分为贰拾小股，二人名下占贰小股。今将二小股出卖以（与）姜开明承买为业。当日议定价良乙两贰钱整，亲手收回。其山自卖之后，任从买主修理管业，卖主不得异言。恐后无凭，立此断卖字为据。

凭中　姜朝弼

代笔　姜开良

道光六年六月十八日　　立

[redacted]斷賣杉木約人本寨姜朝英同侄開生二人為因要銀用度自愿將[redacted]到杉木弍股地名皆要脚在旂埼的溝坎下下截此山界限上憑買主之木下憑河与岩梁左憑買主之木右憑大冲其山分為廿拾小股二人名下佔廿小股分將二小股出賣以姜開明承買為業當日議定價艮乙両弍分臣悉親手收回其山自賣之後任從買主修理管業賣主不得異言恐后無憑立此斷賣字為據

憑中　姜朝衡

代筆　姜開良

道光六年六月十八日　立

## 姜显和之什山场杉木断卖契

立断卖杉木山场约人姜显和。为因要银使用,自愿将到先年得买保宁之山杉、土名之什。此山杉上凭顶,下凭河,左凭上寨六十家①之木,右凭宗智之木为界,四至分明。其山地主分为四十九两,本名占八两四钱九分三厘。今请中出卖与 朱镐名下承买为业。当日凭中议定价银五两正,亲手领足应用。其山杉自卖之后,恁凭买主修理管业,卖主不得异言。如有不清,卖主上前理落。恐后无凭,立断卖杉山约远永存照。

外批:栽手、地主分为五股,栽手占二股,地主占三股。

凭中　姜显祖
　　　　占敖

显相　笔

道光六年七月初八日　　立

①上寨六十家,指文斗上寨姜姓房族人。

立断賣杉木山場約人姜顯和為因要銀使用自愿将到先問十
買保守之山杉土名之什岑山杉上抵頂下抵河左抵上寨六十宗之木
右抵宗贊之木為界四至分明其山地主分為四十九両本名占八両四
分九分三厘今請中出賣與
朱鎬名下承買為業當日憑中议定價銀五両正親手領足应用
其山杉自賣之後恁憑買主修理管業賣主不得異言如有不
清賣主上前理落恐后無憑立断賣杉山約遠永存照

外批栽手地主分為五股栽手占二股地主占三股

憑中姜昌祖
姜占敖
顯桐筆

道光六年十月初八日立

# 姜开礼弟兄冉皆干杉木断卖契

立断卖杉木约人本寨姜开礼、开胜弟兄二人。为因要艮用度，自愿将到杉木一块，坐落地名冉皆干，在德廷之田坎下。此山界至：上凭田，下凭买主，左凭岭与买主之木为界，右凭大冲为界，四处分清。此山分为五股，地主占三股，栽主占二股。地主之三股合龙弟兄占一股，辛龙弟兄占一股，本名与朝英五人占乙股。先年本名得买合龙弟兄、辛龙弟兄之二大股，并本名之栽手二股出卖。本名又与朝英所共之一股分为五小股，本名又占一股，一共出卖。又地名冉皆笼在现华之田坎下，栽手、地主分为廿五股，先年卖栽手之十股分，今又卖土主之一股。一共出卖与姜开明名下承买为业。当日凭中三面言定价艮四两五钱整，亲手收回应用。自卖之后，任凭买主上山修理管业，卖主不得异言。恐后无凭，立此断卖字约为据。

凭中　姜元方

道光七年二月廿八日　　亲笔立

立斷賣杉木約人本寨姜開禮開勝弟兄二人爲因要艮
用度自愿將到杉木一塊坐落地名冉當在德廷之田坎下
山界至土憑由下憑買主左憑嶺與買主之木爲界右憑大冲
爲界四處分清此山分爲五股地主占三股栽主占二股地主之
三股合龍弟兄占一股辛龍弟兄占一股本名與朝英五人
占一股先年本名得買合龍弟兄辛龍弟兄之二大股並
本名之栽手二股出賣本名又與朝英所共之一股分
爲五小股本名又占一股一共出賣又地名冉皆龍在現筆之家
坎下栽手地主分爲廿五股先年賣栽手之十股分今又賣地主
之一股一共出賣與
姜開明名下承買爲業當日憑中面言定價艮四兩五分整親
手收回應用自賣之後任憑買主上山修理管業賣主不得
異言恐后無憑立此斷賣字約爲據
憑中 姜元海
親筆 立
道光七年二月廿八日

## 姜奉乔父子培丢杉木断卖契

立断卖杉木约人本寨姜奉乔父子。为因家下要银用度,无从得出,自愿将到杉木一块,地名培丢,在老苏之田角。此界限:上凭田,下凭买主,左右凭买主。其田分为二股,买主占乙股,奉乔父子名下占乙股。今将出卖与买主姜开明为业。当日凭中议定价艮乙两三钱五分整,亲手收回应用。自卖之后,任凭买主修理管业,卖主不得异言。今据为凭,立此断卖字约存照。

子亲笔　姜开相

凭中　姜世才

道光七年三月初二日　　立

立斷賣杉木約人本寨姜奉喬父子爲
因家下要銀用度無從得出自愿將到杉
木一塊地名培吞在老蘇之田角此界限上
憑田下憑買主左右憑買主其山分爲二股買
主占山股奉喬父子名下占山股今將出賣
與買主姜開明爲業當日憑中議定價
銀山兩三十五卜整正親手收回應用自賣之
后任憑買主修理管業賣主不得異今
據有憑立此斷賣字約存照

子親筆姜開相

憑中姜世才

道光七年三月初二日立

# 姜福宗弟兄乌弟山场杉木断卖契

立断卖杉木约人本房姜福宗、福元弟兄二人。为因要银用度,自愿将到杉木乙块,地名乌弟山,在元结栽文堵之山对面的半边岭。此山界至:上凭盘路凭世学所栽张花寨①之山为界,下凭盘路角,左凭冲,右凭岭,四方界限分清。此山分为五股,福宗、福元弟兄占土主三股,宋家占栽手二股。二弟兄将土主三股出卖与本族姜开明名下为业。当日凭中议定价艮六两八钱整,亲手收回应用。自卖之后,任从买主管业,卖主弟兄不得异言。今据有凭,立此断卖杉木字约为据。

凭中　杨胆胞

代笔　姜开书　字

道光七年四月初三日　　立

①张花寨,又称张化寨,属今锦屏县平略镇。在加池下游约10公里。2006年三板溪电站水库蓄水,该村遂迁至现电站大坝北端,改称为三板溪村。

立断賣杉木約人本房姜福家福元弟兄二人為因要銀用度自愿[illegible]
到杉木山境地名禹先山在元結鑿文埔之路對面的半坡嶺此冲界[illegible]
溪盤路溪世華所栽張花寨之山為界下溪盤路角左溪冲右溪嶺[illegible]
方界限分清此山分為五股福家福元弟兄占土主三股眾家占[illegible]
二弟兄將土主三股出賣與本族姜開明名下為業當日凭中議定價
艮六月八分恐親手收回應用自賣之后任從買主管業賣主弟兄不
得異言今欲有凭立此断賣杉木字約為據

凭中 楊腥肥
代筆 姜開本

道光七年四月初三日 立 字

# 姜朝弼冉皆笼杉木卖契

立卖杉木契人本寨姜朝弼。为因家中缺少,费用不足,亲身将地名冉皆笼德廷田坎下杉木乙块,地主占三股,栽手贰股。此地主叁股分为拾五股,本名占乙股,出卖与姜开明名下承买为业。当日议定价艮贰钱正,亲手收足。其杉木自卖之后,恁凭买主管业,日后不得异言。恐口无凭,立此卖字为据。

代笔 姜开熙

道光柒年四月廿二日 立

立賣杉木契人本寨姜朝弼為因家中缺少費用不足親身將地名冉皆豜德廷田坎下杉木山壹塊地主占三股我手弍股此地主叁股分為拾五股本名占山股出賣與姜開明名下承買為業當日議定價銀弍十五兩親手收足其杉木自賣之後任憑買主管業日后不得異言恐口無憑立此賣字為據

代筆姜開熙

道光柒年四月廿二日　立

# 吴定谋冉柳金杉木栽手断卖契

立断卖地股栽手杉木字人永口[1]吴定谋。先年与张山贤在文斗寨伙买岩湾寨范德贤杉木贰处，土名冉柳金。上壹块上凭田，下凭文斗寨姜廷元之山木，左凭岭，右凭岭。下壹块上凭水沟，下凭岩洞，左凭路，又凭岭。贰处之木四至分明。定谋面分所占壹股。今当凭中出卖与黎属加池寨姜开明兄名下承买为业。当面凭中议定价银肆两陆钱，亲手领回应用，分厘不少。日后木头长大发卖，张、吴贰姓不得异言。其有杉木自卖之后，任从买主修理管业。山界不明，俱在卖主上前理落，不与买主相干。今欲有凭，立此断卖山木为据。

朱焕廷
凭中　张山贤
姜朝英
凭笔中　姜万年

道光七年五月初八日卖字　　立

①永口，即今天柱县远口镇远口村，吴姓人居多。

立断卖地股栽手杉木字人永口吴定谋先年与张山贤在文
斗寨股买岩寨老德聪杉木弍处土名冉相金上壹块上凭田
下凭文斗寨姜廷元之山木左凭岭右凭山岭下壹块上凭水沟下凭
岩硐左凭路又凭岭弍处之木山至今明定谋名下占壹股今当凭
中出卖与黎属加池寨
姜开明兄名下承买为业当面凭中议定价银肆两陆钱亲手
领回应用分厘不少日后木头长大发卖张吴弍姓不得异言其有
杉木自卖之后任凭买主修理管业山界不明俱在卖主上前理
落不与买主相干今欲有凭立此断卖山木为据
外批侯坎净地归卖主

朱燦廷
凭中姜朝英张山贤
凭笔中姜万年

道光七年五月初八日卖字　立

# 姜开祥勇荣叩山场杉木断卖契

立断卖山场杉木约人本寨姜开祥兄弟三人。为因要银用度，自愿将到山场杉木一块，地名勇荣叩。此山界至：上凭地梁，下凭溪，左凭岩洞与老木为界，右凭大冲为界，四至分明。此山分为五股，地主占叁股，栽手占贰股。地主占叁股，开明占乙股半，开祥弟兄占乙股半，补拨[1]与姜开明名下承买为业。当日凭中议定价银拾两整，亲手领回。其艮（山）自卖之后，弟兄不得翻悔。今恐无凭，立此断卖补拨是实。

凭中 之连 世培

姜开祥 亲笔

道光八年七月二十三日 立

①补拨，指就亲、就近出卖，带有补偿之意。旧时出卖山场田地，一般是先考虑近亲，近亲不要时再卖与他人。

立斷賣山場杉木約人本寨姜開祥兄弟三人為因要銀用度自愿將到山場杉木一塊地名葛荣榜此山界至上憑地梁下憑溪左憑岩洞與老木為界右憑大冲為界四至分明此山分為五股地主占叁股栽手占贰股地主占叁股開明占乙股半開祥弟兄占乙股半補將與姜開明名下承買為業当日憑中議定價銀拾兩正親手領回其良自賣之后日后弟兄不得翻悔今恐無憑立此斷賣補據是实

憑中姜世培 之連

姜開祥親筆

道光八年七月廿日立

## 姜福宗弟兄冉祇山场断卖契

立断卖山场契人本寨姜福宗、元弟兄，因为缺少，日食不足，弟兄商议自愿将到祖遗山场乙块，土名冉祇(计)，上凭范学岐，下凭姜廷葵，左凭冲，右凭岭，界限分明。今请中出断与 姜开明承买为业。当面议定价银叁两零八分，入手应用。自卖之后，恁凭买主管业，卖主不得异言。恐有不清，卖主理落，不与买主何干。今欲有凭，立此断卖为据。

道光九年三月廿四日　之俊笔立断卖是实

立斷賣山場契人本寨姜福元宗弟兄因為缺少日食不足弟兄商議自愿將到祖遺山場乙塊土名冉祇上憑汔學岐下憑姜廷發左憑冲右憑嶺限分明今請中上山斷與

姜開明[illegible]買為業當面议定價銀叁兩零八分入手應用自賣之后恁憑買主管業賣主不得異言恐有不清賣主理落不与買主何干今欲有憑立此斷賣為據

之俊筆　立斷賣是实

道光九年三月廿四日

## 姜老生沮石山杉木栽手断卖契

立断卖栽手杉木字人党兄姜老生。为因先年得写[①]姜开明与文斗寨所共之山壹块，土名沮石，在杨老侯之屋角，乃是上边。此山界至：上凭本名占地主与老木为界，下凭大河，左凭佐兴、凭杨姓屋角为界，右凭文堵下寨姜朝奇弟兄之山为界，四处分清。此山栽手、地主分为五股，开明与文堵占地主叁股，姜老生与姜开明又占栽手贰股，每人各占栽手壹股。姜老生今将栽手壹股出卖与姜开明名下为业。当面议定价艮贰两七钱三分，亲手收回应用。自卖之后，任凭姜开明又占地主又占栽手，各在姜开明管业，日后姜老生父子不得多言。恐后无凭，立断卖字约为据。

外批：桐油树在内。

亲笔　姜老生

凭中　姜老苏

道光九年十月十五日　　立

①写，即佃，旧时锦屏地区民间将租佃山场称"写山"，系因租佃山场，得书写佃契之故。

立断賣栽手杉木字人党兄姜老生為因先年得買
姜开明與文斗寨所共之山壹塊土名汨石在楊老鐵
之屋角乃是上边坻山界至上凴本名占地主與老本為界下
凴大河左凴俱以凴楊維屋角為界右凴文堵下寨姜朝音
弟兄之山為界四处分清此山栽手地主分為五股開明與文堵
占地主叁股姜老生與姜开明又占栽手弍股每人各占壹股姜
姜老生今將栽手壹股出賣與姜开明名下為業当面
議定價艮弍両七分三厘親手收回應用自賣之後任凴
姜开明又占地主又占栽手各在姜开明管業日後姜老生父子不
得多言恐后無凴立断賣字約為據

外批桐油樹在內

親筆 姜老生
凴中 姜老蘇

道光九年十月十五日 立

# 彭守敬皆粟杉木断卖契

立断卖杉木字人格翁寨彭守敬。为因缺少银用,无出,自愿将到先年得买姜世儒之木土名皆粟[1]山,上凭朝英田角,下凭田勾(沟),左右凭岭,四至分明。栽手土主分为贰拾股,本名占乙股,今中出卖与 姜世琏兄名下承买为业。当日凭中议定价银四两二钱五分,亲手收回应用。其木自卖之后,任从买主修理管业。倘有不清,拘(俱)在卖主尚(上)前理落,不以买主何干。恐后无凭,立此卖字为据。

凭中 杨起文 姜世儒
应生

亲笔

道光九年十二(月)初八日 立

①皆粟,苗语意为箸竹坡下边,在加池寨脚。粟,苗语音"sháo",意为箸竹。

立斷賣杉木字人姜[illegible]敬為因缺少銀用無出自愿將到先年[illegible]姜世儒之木土名皆栗山上憑朝英田角下憑[illegible]嶺四至分明栽手土主分為弍拾股本名占山股今中出賣與姜世連兄弟名下承買為業當日憑中議定價銀四兩二錢五分親手收回應用其木自賣之後任從買主修理蓄禁倘有不清俱在賣主尚前理落不以買主何干恐後無憑立此賣字為據

憑中 楊起文 姜世儒 庶生

親筆

道光九年十二月初八日 立

# 姜维远弟妹皆乐脚杉木卖字

立卖杉木字人本寨姜维远兄弟妹。为因要银使用，无处得出，自愿将到土名皆乐脚[1]乙块，左凭开明之木为界，右凭冲，上凭开明为界，下凭之豪之木为界，四至分清。分为十大股，又分今三十小股，维远兄弟妹占乙小股。出卖与孙邦彦名下承买为业。当日三面议定价银贰两整，亲手收回应用。自卖之后，恁凭买主修理管业。倘有不清，不管（关）买主之事。恐口无凭，立此卖字存照。

道光九年十二月廿七日亲开基笔　　立

①皆乐脚，又称"皆楼脚"或"皆料脚"，在加池寨脚半坡。

立賣杉木字人本寨姜維遠兄弟妹為因要銀使用
無處得出自願將到土名皆樂[illegible]乙塊左憑開明之
木為界右憑沖上沖開明為界下憑之豪之木為界四
至分清分為十大股又分今三十小股維遠兄弟妹占
乙小股出賣與
孫稍彥名下承買為業当日三面議定價銀弍兩
壹錢親手收[illegible]應用自賣之後任憑買主修理管業
倘有不清不管買主之事恐口無憑立此賣字
存照

道光九年十二月廿七日　親開基筆　立

# 姜世安刚套杉木山场断卖契

立断卖杉木山场约人本寨姜世安。为因要银用度,无处得出,自愿将到土名刚套杉木一块,此山栽手、地主分为五股,地主占四股,栽手占一股,本名得买杨福兰之栽手一股。又地主之四股,本名占半股。其有界限:上凭凹①,下凭土坎凭之连之山为界,左凭岭凭买主与成瑜共之山为界,右凭小冲下至大冲为界,四处界限分清。又将到地名行则的洗务罗②杉木山场一块,此山栽手、地主分为二股,栽手占一股,地主占一股。先年得买杨福兰之栽手乙股,地主之乙股,本名与世宽一股,本名有半股,俱共出卖。此山界限:上凭世琢之田坎下之凹为界,下凭岩梁,左凭大路为界,又(右)凭小冲为界,四处界限分清。二处出卖与姜开明名下承买为业,当日凭中议定价银拾陆两三整,亲手收回应用。自卖之后,应从买主修理管业,卖主不得异言争伦(论)。恐后无凭,立此断约为据。

凭中　姜三皎　世连

亲笔

道光九年十二月廿八日　　立

①凹,指山坳。

②洗务罗,苗语意为老菁山,在加池西南4.5公里清水江南岸。

立斷賣杉木山塲約人本寨姜世安為因要銀用度無處得出自愿將到岩
剛養杉木一塊此山栽手地主分為五股地主佔四股栽手佔一股本名得買楊福
蘭之栽手一股又地主之四股本名佔半股其有界限上凴凹下凴土坎凴之連之土為界
左凴嶺凴買主姜成瑜共之山為界右凴小冲下至大冲為界四處界限分清，又將
到地名行創的洗務羅杉木山塲一塊此山栽手地主分為二股栽手佔一股地主佔一股
先年得買楊福蘭之栽手乙股地主之一股本名與世世寬一股本名佔半股俱共
出賣此山界限上凴世琢之田坎下之西為界下凴岩溪左凴大路為界四處界限分清二
處出賣與姜開明名下承買為業當日凴中議定價銀拾六兩三錢整親手
收回應用自賣之后應從買主耕修理管業賣主不得異言爭論
恐后無凴立此斷約為據

凴中姜三皎

世連

親筆

道光九年十二月廿八日 立

# 姜开元弟兄皆否出土断卖契

立断卖并土约人本房姜开元书弟兄。为因要艮用度，自愿将到土乙块，地名皆否出[1]，上凭沟，下凭沟，左凭岩梁，右凭冲。此土出卖与姜开明为业，言定价艮五钱整，亲手收回应用。自卖之后，任凭买主管业，卖主弟兄不得异言。今据有凭，立此断卖字是实。

凭中　龙祥生

亲笔　姜开书　字

道光十年三月初七日　　立

①皆否出，苗语译音，意为老虎蕨萁坡下边。

立断賣並土約人本房姜開書、元弟兄

為因要艮用度，自愿將到坐土地名皆否出，上凴滿，下凴溝，左凴家梁，右凴中，

此土出賣與姜開明為業，當面議定價艮五

分整，親手收回應用。自賣之後，任從買

主管業，賣主弟兄不得異言，今欲有憑，

立此断賣字是实。

凴中　龍祥生

親筆　姜開書　字

道光十年三月初七日　立

# 姜登志皆冉今牛等杉木断卖契

立断卖杉木约人本寨姜登志。为因家下无银用度，自己将到杉木二团、坐落地名皆冉今牛①溪边，上凭之毫与岩洞为界，下凭溪，左凭岭与岩角登溪②为界，右凭党东岩洞；又地名皆荣多壹团，在岩洞中间，上下左右俱是凭岩洞为界，四处分明。二处之木共在壹百余株。请中出卖与姜开明名下承买为业。当日凭中三面议定价银六钱整，亲手收回应用。自卖之后，任从买主上山修理管业，卖主不得异言。恐后无凭，立此断卖字为据。

外批：冉金牛山内上乱岩有三根在外，溪边又有三根在外。

凭中　姜元方 世乔

代笔　姜志培

道光十年润(闰)四月初伍　　立

①皆冉今牛，苗语译音，意为钉牛岭的下边，在加池靠近岩湾方向，距加池寨约3公里。

②登溪，登，锦屏方言，有抵达、紧挨之意。登溪，意为直抵溪边。

立斷賣杉木約人本寨姜登志爲因家下無銀用度自己
將到杉木二團坐落地名皆冉今牛溪边上滉之毫與岩洞
爲界下𪾢溪左滉嶺與岩角登溪爲界右滉地東岩洞又地名皆
榮多壹團在岩洞中間上下左右俱是滉岩洞爲界四處分明
二處之木共在壹百餘株請中立賣與姜開明名下承買爲業
當日憑中三面議定價銀六兩整親手收回應用自賣之
後任從買主上山修理管業賣主不得異言恐后無憑立此斷
賣字爲據

外批冉金牛山内上乱岩有三根在外溪边又有姜文三根在外

憑中姜世喬 元方

代筆姜世培

道光十年閏四月初伍立

# 姜官绞穷培格等杉木栽手断卖契

立断卖栽手杉木约人本寨姜官绞父子。为因家中缺少银用,无处得出,自愿将到先年得栽姜老苏与买主之山,地名穷培格[①],在开基与宗周之田坎上之冲。此山界限:上凭土坎盘至大岭为界,下凭土坎,左凭姜世璜田角破岭下至迫坡至小冲为界,右凭德廷老木为界。内有二冲乙岭,四至分清。其有杉木土股分为四股,官绞得栽买主之贰股,与老苏之乙股,土股与栽手又分为五股,官绞占栽手贰股出卖。又地名冉皆干,先年得栽买主之山,分为四股,官绞占栽手乙股。此山界限:上凭盘路,下凭地梁,左凭岭,右凭岩角与冲为界,四处分清。贰处栽手请中出卖与姜开明为业。当面议定价银壹两四钱整,亲手收足,并不少欠分厘。日后倘不清,俱在卖主理落,不与买主何干。恐后无凭,立此断约为据。

内添二字。

道光十年五月廿二日　姜之俊笔立是实

①穷培格,苗语意为松树坡下边的山冲。

立斷賣栽手杉木約人本寨姜官紋父子為
因家中缺少銀用無處得出自願將到先年得
栽姜老蘇与買主之山地名穷培格在開基与宗
周之田坎上之冲此山界限上憑土坎盤至大嶺為
界下憑土坎左憑姜世璜田角破山嶺下至迫坡至小
冲為界右憑德廷老木為界内有二冲一嶺四
至分清其有杉木土股分為四股官紋得栽買主之貳股
与老蘇之一股土股与栽手又分為五股官紋得栽手
貳股出賣又地名冉鸟幹先年得栽買主之山
分為四股官紋佑栽手一股此山界限上憑盤路下憑
地界左憑山嶺右憑岩角与冲為界四處分清貳處
栽手請中出賣与姜開明為業當面議定
價銀壹兩四錢亲親手收足並不欠分厘日后倘
不清俱在賣主理落不与買主何干恐后無憑立
此斷約為據

内添二字

道光十年五月廿二日 姜之俊筆 立是实

# 姜苏连党让杉木断卖契

立断卖杉木约人本房姜苏连、位连兄弟二人。为因家中要银用度，无处所出，自愿将到杉木一股，土名党让，在德宗之田坎上。此山先年付与宋家所栽，分为四股，栽手占一股，地主占三股，苏连、位连兄弟占乙股，士周占一股，德相占一股，共合四股。其有山之界限：上凭世荣与买主之木，下凭德宗田，左凭岭，右凭岭，四至分明。请中出卖与本房姜开明名下承买为业，当日凭中三面言定价艮五两整，亲手收回应用。自卖之后，任凭买主修理管业。倘有不清，俱在卖主理落，不干买主之事。恐口无凭，立此断卖字存照。

凭中　本寨姜开礼

位连　亲笔

道光十年五月廿五日　　立

立断賣杉木約人本房姜蘊連位連兄弟二人為因家中要銀用度無処所出自愿將到杉木一股土名党讓在德宗之田坎上此山先年付與會家所栽分為四股栽手佔一股地主佔三股蘊連位連兄弟佔乙股士周佔一股德相佔一股共合四股其有山之界限上憑世榮與買主之木下憑德宗田左憑岩右憑岩四至分明請中出賣與本房姜開明名下承買為業当日憑中三面言定價艮五兩整親手收回應用自賣之後任憑買主修理管業倘有不清俱在賣主理落不干買主之事恐口無憑立此断賣字存照

憑中本寨姜開礼

位連親字筆

道光十年五月廿五日立

# 姜成珍冉皆十九主山山场杉木断卖契

立断卖山场杉木约人本寨姜成珍。为因家中要银用度，无处得出，亲自将杉木山场乙块，坐落地名冉皆十九主山①中节，其有界限：上凭岭，下凭溪，左凭之毫之木为界，右凭文献之木为界，四至分明。其中节山分为三大股，成珍弟兄占乙股，将乙股分四股，成珍名下占乙股，出卖与姜开明名下承买为业。当日凭中议定价银乙两贰钱整，亲自领回应用。其银（山场杉木）自卖之后，任从买主上山修理管业，买主不□异言。倘有弟兄外人争论，俱在卖主理落，不与买主何干。恐后无凭，立此断卖山场□木远永存照。

凭中 姜开礼
代笔 姜世元

道光十年六月廿五日　　立

①十九主山，指十九户人家所共的山。

立断賣山塲杉木約人本寨姜成珍，因家中要銀用度，無處得出，親自將杉木一塊，坐落地名冉堵冲十九至山中節，其有界限：地嶺下凴溪，左凴之毫之木為界，右凴文猷之木為界，四至分明。其中節山分為三大股，成珍出九占一股，將一股分四股，成珍名下占一股出賣與姜開明名下承買為業。當日凴中議定價銀一兩弍分整，親自領回應用。其銀自賣之後，任從買主上山修理管業，賣主不得異言。倘有弟兄外人爭論，俱在賣主理落，不與買主何干。恐后無凴，立此斷賣山塲杉木，永遠存照。

凴中 姜開礼
代筆 姜世元

道光十年六月廿五日 立

## 姜奉连弟兄冉谷杉木山土断卖契

立断卖□木并土字人本寨姜奉连、长连弟兄。为因要银用度，无处所出，自愿将到杉木与土一共五处：坐落地名冉谷[①]，小地名皆在愁[②]。其有界限，上凭岩梁，下凭岩坎，左凭小溪，右凭皆在愁。此山栽手土股分为八股，开元占栽手四股，余存地主之四股，奉连、长连弟兄占乙股，老木嫩木在内。又地名培书，在宗周之田坎下一块，界限上凭田，下凭盘路与买主之山，左凭宗周之山为界，右凭买主得买廷华之栽手为界。此系全占乙块，山内有油山拨与老苏弟兄，杉木拨与开明，日后坎木，土归老苏弟兄。又地名冉也赊[③]之土乙块，其有杉木先年早卖与买主，余存土今又转卖，土木俱共卖与买主。又地名汪腰补[④]杉木山场一块，上凭德廷之山，下凭冲，左凭水沟与冲为界，又（右）凭岭为界，四至分清。此山分为六股，开元占栽手三股，地主占地主三股，奉连、长连弟兄占地主乙股。乙共四处，出卖与姜开明名下承买为业。当日房族中议定价银四两整，亲手收回应用。自卖之后，任从买主管业，日后恐有不清之处，俱在卖主弟兄理落，不关买主之事。恐后无凭，立此断卖字约为据。

凭中　卖主族兄姜老苏

代笔　开基

外批：油山内有杉木等根[⑤]，各在老苏、开基弟兄管业。

道光十年九月廿日　　立

①冉谷，指窄小山岭。

②皆在愁，苗语译音，意为老屋基脚。

③冉也赊，其他文书也写作“冉野赊”，苗语意为岭上臭腥田。“赊”苗语意为臭腥。

④汪腰补，苗语译音，意为山顶上的大坪子。

⑤等根，锦屏方言，指树木稀疏，只有少数几根之意。

立斷賣杉木並土字人本寨姜春連長連弟兄為因要銀用度無處所出自愿將到杉木並土一共五處坐落地名冉谷小地名皆在愁其有界限上憑岩梁下憑岩坎左憑小溪右憑皆在愁此山栽手五股分為八股開元占栽手四股餘存地主之四股春連長連弟兄占乙股老木檄木在内又地名培書在宗周之田坎下一塊界限上憑田下憑盤路與買主之山左憑宗周之山為界右憑買主得買逵華之栽手為界此係全占乙塊山内有油山檊與老繼弟兄杉木檊與開明日後坎木土在老繼弟兄又地名冉也黔之土乙塊其有杉木先年早賣與買主餘存土今又轉賣土木俱共賣與買主又地名汪腰補杉木山塊一塊上憑德逵之山下憑沖左憑水溝與沖為界又憑山嶺為界四至分清此山分為六股開元占栽手三股地主占地主三股春連長連弟兄地主占乙股乙共四處出賣與姜開明名下承買為業當日憑族中議定價銀四兩丞親手收回應用自賣之後任從買主管業日後恐有不清之處俱在賣主弟兄理落不關買主之事恐后無憑立此斷賣字約為據

憑中賣主族兄姜老繼

代筆開基

外批油山内有杉木等根各在老繼開基弟兄管業

道光十年九月廿日 立

## 姜开基穷耶杉木油山断卖契

立断卖山场杉木油山契人本房姜开基。为因家中缺少银用,无处寻出,自愿将到山场乙块,土名穷助(耶)。此山分为叁股,买主占贰股,老苏、开基共占乙股,将此乙股分为贰股,开基乙股出卖。其有界限照依资买主老契耕管。又有油山之土名松培纣[1],上凭大路,下凭冲,左凭买主,右凭现彩,其有界限分明。今凭中出断与姜开明名下承买为业。当面议定价银贰两乙钱,入手应用。自卖之后,恁凭买主管业,卖主不得异言。恐有来路不明,俱在卖主理落,不与买主何干。今欲有凭,立此断卖是实。

凭中 姜世奇
姜光伟

道光十一年正月廿六日 之俊笔立断是实

①松培纣,即培周坳,苗语意为"老虎坡坳"。

立斷賣山場杉木油山契人本房姜開基為因家中缺少服用無處尋出自愿將到
山場一塊土名窮助此山分為叁股買主占弍股老蘸開基共占一股將此一股分為弍
股閏蘸〻一山股出賣其有界限照依買主老契耕管又有油山之土名松培紂上憑
大路下憑冲左憑買主右憑現彩其有界限分明今憑中出斷與
姜開明名下承買為業出面議定價銀弍兩一錢入手應用自賣之后恁憑買主管
業賣主不得異言恐有來路不明俱在賣主理落不與買主何干今欲有憑立
此斷賣是實

憑中姜世奇 光偉

道光十年正月廿六日 之俊筆 立斷是實

# 姜三绞皆荣敞等处杉木断卖契

立断卖杉木山场字人本寨姜三绞。为因要艮用度，无处所出，自愿将到土名皆荣敞[1]，又南鸿[2]、冉野赊，一共四处，共有杉木叁十八根，出卖与姜开明名下承买为业。凭中议定价艮六钱整，亲手收回应用。自卖之后，任从买主修理管业，卖主不得异言。恐后无凭，立此断卖字为据。

内添二字

代笔 姜之模

凭中 姜世安

道光十一年正月二十八日 立

①皆荣敞，其他文书也写作“皆容唱”，苗语译音，意为陡岩坎弯路下边。荣，悬崖或陡岩坎；敞，苗语读为“jiáng”音，意为弯曲。

②南鸿，指放木洪道的右下边。

立斷賣杉木山場字人本寨姜三皎為因要艮用度無處所出自愿將到土名皆榮敵又南鴻冉野睇一共四處共有杉木叁十八根出賣與姜開明名下承買為業凴中議定價艮六錢整親手收回應用自賣之後任從買主修理管業賣主不得異言恐后無凴立此斷賣字為據

內添弍字

代筆姜之模

凴中姜世安

道光十一年正月二十八日 立

# 姜老苏穷耶路坎上杉木山场断卖契

立断卖杉木山场字人本房姜老苏。为因要银用度，无处得出，自愿将到土名穷耶路坎上，此山分为叁大股，买主占二股，老苏弟兄占一股，老苏本名占半股。其有界限照依买主约契管业，不得异言。自愿请中出卖与姜开明名下承买为业，议定价银乙两乙钱整，亲手收回应用。自卖之后，任凭买主修理管业，卖主不得异言。恐有不清，俱在卖主理落，不关买主之事。恐□□□，立此断卖杉木山场字约存照。

胞弟姜开基笔

凭中　姜世清

道光十一年二月初三日　　立

立斷賣杉木山場字人本房姜老德為因要銀用度無從得出自
愿將列土名穷勒路坎上此山分為叁大股買主佔二股老德弟兄
占一股老德本名占半股其有界限照依買主約契管業不得
異言自愿請中出賣與姜開明名下承買為業議定價銀
八両一分悉親手收回應用自賣之後任從買主修理管業壹
全不得異言恐有不清俱在賣主理落不関買主之事恐，
立此斷賣杉木山場字約為據

胞弟姜開基筆
憑中姜世清

道光十一年二月初三日　立

# 姜朝弼等刚套冲头等山土股分断卖契

立断卖土字人本寨姜朝弼、开礼、开胜叔侄。为因家下要银用度，无处所出，自己将到祖留山土三块，上块土名刚套[①]冲头。其有山土界限：上凭岭与六伯山分界，下凭买主之山，左右凭岭。此山土股分为十五股，朝弼占乙股，开礼弟兄占乙股。又中团在雷国安右边的屋角。此山界限：上凭买主共山之凹为界，下凭学宗山，左凭买主共山以岭下至溪为界，右凭买主共山盘到路坎上，下又凭成凤山为界。此山土股分为五大股，朝弼占一大股，开礼弟兄占乙大股；又下团土名皆板穷套[②]。此山土界限：上凭之豪山内边以盘路为界，下凭溪，左凭溪，右凭岩梁以买主为界。其山土分为五大股，朝弼占一股，开礼弟兄占一股，出卖与姜开明名下为业。议定价银四两二钱，亲手收回应用。自卖之后，任凭买主修理管业，卖主不得异言。恐有不清，俱在卖主理落。恐后无凭，立此断卖山土字约为据。

开礼亲笔

外批：皆板穷套朝弼私下有老木六根在外。

道光十一年二月十五日　　立

①刚套，形如陶瓮的山岗。在加池西南面约4公里处，是加池过去主要的林业生产区之一。

②皆板穷套，苗语意为岗套冲下边坡。

立断賣山土約人本寨姜朝鄉開礼開勝叔侄為因家下缺少
銀用度無処所出自己將到祖留山土三塊上塊土名剛套
冲頭其有山土界限上凭嶺共六伯山分界下凭買主之山左
右凭嶺此山土股分為十五股朝鄉占乙股開礼弟兄占乙股
又中團在雷囯安右边的屋角此山界限上凭買主共山之
凹為界下凭孝宗山左凭買主共山吵山嶺下至溪為界右凭
買主共山盤到路坎上下又凭成鳳山為界此山土股分為五大股
朝鄉佔一大股開礼弟兄占乙大股又下團土名皆損窮養此山土
界限上凭之豪山内边以盤路為界下凭溪左凭溪右凭岩梁皆買
主為界其山土分為五大股朝鄉佔一股開礼弟兄佔一股出賣
與姜開明名下為業議定價銀四兩二分親手收回應用自賣之
後任凭買主修理管業賣主不得異言恐有不清俱在賣主理落
恐后無凭立此断賣山土字約為據

外批皆損窮養朝鄉私下有老木六根在外

開礼親筆

道光十[illegible]年[illegible]月十五日 立

山林权属转移文书（上）

# 姜朝英叔侄党后等杉木山场断卖契

立断卖杉木山场字人本寨姜朝英同侄开生二人。因要银用度，无处所出，自愿将到杉木山场三处：一处地名党后山，在他之坟山脚黎（犁）头嘴。此山场之界限：上凭地垦，下凭冲，左凭冲，右凭冲。其山栽手、地主分为十股，朝英与开生占二股出卖；又地名冉皆干，栽手、地主分为二十五股，朝英与开生占二股。其山界限：上凭廷德之田，下凭冲，左凭岭与买主之山，右凭冲。又乙块在现华之田坎下，分为二十五股，朝英与开生占二股。其山界限：上凭三公之山，下凭买主，左凭冲，右凭买主。一共三处，出卖与姜开明名下承买为业。当面议定价艮乙两二钱整，亲手收回应用。自卖之后，任凭买主修理管业，卖主不得异言。恐有不清，俱在卖主理落，不关买主之事。恐后无凭，立此断字为据。

凭中　侄姜开礼

子开良　笔

道光十一年二月二十日　　立

立斷賣杉木山場字人本寨姜朝英同侄開生二人因要銀用
度無處所出自愿將到杉木山場三處一處地名党后山左俿三
坟山脚黎頭嗬此山場之界限上憑地星下憑冲左憑冲右憑冲
其山栽手地主分為十股朝英與開生佔二股出賣又地名冉皆辨
栽手地主分為二十五股朝英與開生佔二股其山界限上憑德廷二両下
憑冲左憑嶺與買主之山右憑冲又一塊在現華之田坎下分為二十五股
朝英與開生佔二股其山界限上憑三公之山下憑買主為憑冲右憑買主
一共三處出賣與姜開明名下承買為業當面議定價銀乙两二錢亲手
收回應用自賣之後任從買主修理管業賣主不得異言恐有不清俱
在賣主理落不關買主之事恐後無憑立此斷字為據

憑中侄姜開禮
子開良筆

道光十□年三月二十日 立

# 姜世琏党喉山场杉木断卖契

立断卖山场杉木约人本寨姜世琏。为因缺少银用，无从得出，自愿将到杉山贰块，乙块的土名党喉[1]，在朝英祖坟左边冲下来之黎（犁）嘴山，上凭朝英地垦，下凭大冲，左右凭冲。其山分为五股，先年得买开礼弟兄之土股，又得买朝弼之土股，又得买木林之土股，共得叁股之土股。其木分为拾股，土主占伍股，栽手占伍股，共土栽占八股出卖；又将到乙块土名皆野你[2]，在世和之小田以下，其有界限：上凭世培之山，下凭苏林之山，左凭世培之山，右凭学宗之山。其木分为四股，本名占土主乙股。共贰处，出卖与姜开明承买为业。当面凭定价银四两叁钱整，入手收用。其木自卖之后，任凭买主修理管业，卖主无异言。恐有不清，俱在卖主理落，不关买主之事。今欲有凭，立此断卖是实。

凭中　张必友
　　　姜光伟

道光拾壹年三月初一日　亲笔立断是实

①党喉，又写作“党后”“党吼”。喉，加池读为“hóu”音。

②皆野你，苗语译音，意为媳妇田下边，媳妇田即陪嫁田。你，苗语意为媳妇。

立断賣山場杉木約人本寨姜世璉為因缺少銀用無從得出自愿將到杉山弍塊[illegible]
的土名[illegible]在朝英祖魂左边冲下來之溪內山上憑朝英地界下憑大溪左右憑沖[illegible]
分為五股[illegible]得買開孔弟兄之土股又得買朝班之土股又得買[illegible]之土股共得[illegible]
五股其木分為拾股土主占貳股栽手占捌股共土栽占八股出賣[illegible]地土名皆野你在當
和之小田以下其有界限上憑世培之山下憑藉林之山左憑世培之山右憑老李宗之山其木分為
四股本名占土主一股共弍處出賣與
姜開明承買為業当面憑定價銀四两叁錢恐入手收用其木自賣之后[illegible]買主[illegible]
理管業賣主無異言恐有不清俱在賣主理落不與買主之事今欲有憑立此斷賣是
实

憑中 張必友
姜光偉

親筆 立斷是实

道光拾壹年三月初一日

# 姜占鳌等之什山场杉木断卖契

立断卖山场杉木约人姜占鳌、杨贤弟兄二人。为因缺少银用，自愿将到祖遗山场杉木乙块，地名之什，其山地主、栽手分为五股，地主占叁股，栽手占贰股。地主分为四十九两贰钱五分，本名占地主叁两贰钱九分二厘五毫。其山界限：上凭盘路，下凭大河，左凭领（岭），右凭宏路，四字（至）分明。今将凭中出卖与朱镐兄名下承买为业。当日议定价艮乙两叁钱正，亲手领回应用。其山自卖之后，任凭买主管业，卖主不得异言。如有异言，卖主理落，不干买主之事。今欲有凭，立此断卖山场杉木字为据。

外批：内添四字。

凭中　姜开相

道光十二年四月初八日　占鳌亲笔　　立

立断卖山场杉木约人姜占鳌杨胥弟兄二人，为因家下缺
少银用，自愿将到祖遗山场杉木一块，地名之什，其山地主栽
手分为五股，地主占叁股，栽手占贰股，地主分为四十九两弍钱
五分，本名占地主叁两弍钱九分二厘五毫，其山界限上凭彤，
路下凭大河，左凭领，右凭岩路，四字分明，今将凭中出卖与
朱鹤兄名下承买为业。当日议定价银一两叁钱正，亲手领
回应用。其山自卖之后，任凭买主管业，卖主不得异言。
如有异言，卖主理落，不干买主之事。今欲有凭，立此断
卖山场杉木字为据。

外批：内添四字

凭中 姜开相

占鳌 亲笔 立

道光廿七年四月初六日

# 姜之琏等乡约断卖皆培诸冈油山契

立断卖油山字人本寨众姓乡约[①]、保长[②]、十四甲[③]众人等姜之琏、世培、奉有、合龙、世连、世璜、之豪、开文、龙现彩、文高、世儒、开相、开礼、安保、光秀、光朝、德宗、世寄等。为因要银用度，无处所出，众等商议，自愿将到地名皆培诸冈[④]油山二块：右块乙边溜[⑤]，上凭冲，下凭买主，左凭岔[⑥]，右凭之连油山，界限分清。左边溜乙块，上凭岔，下凭舒泰油山，左凭舒泰油山，右凭买主油山，四处各有隔埂为界。此油山分为五股，众等占地主三股，老往占栽手二股。今将地主占三股出卖与姜开明名下承买为业。当日议定价艮四两五钱整。自卖之后，恁凭买主修理管业，日后不得异言。恐后无凭，立此断卖字永远为据。

凭中　姜世道、昭

代笔　姜世安

道光十一年五月二十日　　立

①乡约，清代指县官札委的基层不支俸小官吏，这些人在乡间都较有威望，其职责是排解民间纠纷，代官府征收赋税和组织徭役。

②保长，清道光年间，黎平府在辖区内推行保甲制，文斗、加池、中仰、岩湾等村寨为一保，设保长。

③十四甲，加池寨编为第十四甲。

④皆培诸冈，其他文书也写作"皆培渚冈"，指埋水缸的地方，在加池往中仰方向2.5公里处一山岭上。旧时村寨为了镇压火魔，请道师在村寨附近选择特定位置，埋下一个盛满水的水缸，并竖立一块"水德金星"碑。

⑤溜，锦屏地区方言，指狭长的小块。

⑥岔，锦屏方言，指岔冲。

立断賣油山字人本寨衆姓鄉約保長
十四甲衆人等姜之璉世培奉有合龍世運世
璜、之豪開文龍現彩文高世儒開相開礼安
保光秀光朝德宗世奇等為因要銀用度無
処所出衆等謪議自願將到地名補迠［岑坳補閻］皮油山二塊
右塊乚边塯上凴冲下凴買主左凴岔山右凴之璉油山
界限分清左边塯乚塊上凴岔山下凴居泰油山左凴
居泰油山右凴買主油山四処各有隔埂為界此油
山分為五股衆等占地主三股老姓占栽手二股今將
地主占三股出賣與姜開明名下承買為蓄
當日議定價艮四両五分足自賣之后恁凴買主
修理管蓄日後不得異言恐后無凴立此断賣字
永远為據

凴中姜世昭 道
代筆姜世安

道光十一年五月二十日 立

# 龙现彩父子乜兄油山断卖约

立断卖油山约人本寨龙现彩父子。为因缺少粮食，无处所出，自愿将到油山乙团，坐落土名乜兄[①]，乃系先年卖主之田坎上，此油山之界限：上凭恼（垴），下凭田，左凭草坡，右凭草坡，四处界限分清。又将到油山乙团，地名兄培早[②]。当日凭中出卖与本寨姜开明名下承买为业，三面二处共议断价艮三两伍钱整，亲手领回应用。自卖之后，买主蒿（薅）修管业，卖主不得异言。恐有不清，俱在卖主理落，不关买（主）之事。恐后无凭，立此断卖字约存照。

凭中　姜开礼

代笔　姜世泰

道光十一年六月廿三日　　立

①乜兄，苗语译音，意为山坳田。

②兄培早，苗语读“shōng bái zào”，意为老虎坳。

立斷賣油山約人本寨龍現彩、文子為因缺少粮食無処設而自愿將到油山乙團坐落土名乜兄乃係先年賣主之田坎上此油山之界限上憑臨下憑田左憑草坡右憑草坡四處界限分清文將到油山乙團地名兄培早當日憑中出賣與本寨姜開明名下承買為業三面二處共議斷價足三兩伍錢整親手領回應用自賣之後買主蓄修理管業賣主不得異言恐有不清俱在賣主理落不關買主之事恐後無憑立此斷賣字約存照

憑中姜開礼

代筆姜世泰

道光十一年六月廿三日 立

## 杨领包皆培渚刚油山断卖契

立断卖油山字人本寨杨领包。为因要银用度，无处得出，自愿将到油山一块，坐落地名皆培渚刚下坡，在右边岭。此油山之界限：上凭草坡，下凭凹，左凭草坡，右凭文堵油山，四处界限立清。凭中出卖与姜开明名下承买为业。当日凭中三面议定价银九钱整，亲手收回应用。自卖之后，任凭买主修蒿（薅）修管业，卖主不得异言。恐后无凭，立此断卖字约存照。

凭中　姜福宗

代笔　姜开祥

道光十一年六月廿五日　　立

立断卖油山字人本寨杨领包为因要银用
度无从得出自愿将到油山一块坐落地名
背培请刚下坡在左边岭此油山三界限上凭
岭坡下凭凹左凭草坡右凭交堵油山四抵
界限立请凭中亚卖与
姜开明名下承买为业当日凭中三
面议定价银九分,亲手收回应用自卖
之后任凭买主万代管业卖主不得
异言恐后无凭立此断卖字约存照

凭中姜福宗
代笔姜开祥

道光十一年六月廿五日　立

# 杨老往皆培知诸冈油山栽手断卖契

立断卖油山加池居住杨老往[1]。为因要艮用度，无所出处，自愿将先年佃栽之油山二榴，地名皆培知诸冈右块乙边榴，上凭冲，下凭买主，左凭岔，右凭之琏油山，界限分清；左边榴乙块，上凭岔，下凭舒泰油山，左凭舒泰油山，右凭买主油山，四处各有隔埂为界。此油山分为五股，老往占栽手二股，众等占地主三股。今将栽手二股出卖与姜开明名下承买为业。当日议定价艮贰两四钱整。自卖之后，任凭买主修理管业，日后不得异言。恐后无凭，立此断卖字永远为据。

凭中　姜世昭、儒

代笔　姜世道

道光十壹年七月初六日　　立

①加池居住杨老往，指在加池借地扎棚居住的外地佃户。旧时，加池、文斗等村寨招山场佃户，只准其住在所佃的山场中，不许进寨居住。允许进寨居住者，属于有特殊关系给予的照顾。

立断賣油山加池居住杨老往为因要
艮用度無從出處自愿将先年佃栽之
油山二幅地名皆培知諸圖坳坡乚边幅上凭
冲下凭买主左凭岔右凭之廸油山界限
分清左边幅乚坡上凭岔下凭舒泰油山
左凭舒泰油山右凭买主油山四處各至隔
埂为界此佃山分为五股老往吕栽主
二股众等吕地主三股今将栽主二股
出賣與　姜開明名下承买为
業當日議定価艮弍两四不丢自賣
之後凭買主修理管業日後不
得異言恐后無凭立此断賣字
永远为據

凭中姜世儒 昭
代筆姜世道

道光十壹年七月初六日　立

# 姜世培叔侄党秧山场杉木断卖契

立断卖山场杉木字人本寨姜世培、侄子明德二人。为因要艮用度，自愿将杉木山场一块，地名党秧，在德宗田坎上。此木地主、栽手分为四股，栽手占壹股，地主占三股，世培弟兄与世荣弟兄共占地主壹股。此壹股又分为六股，世培与明德二人占二小股，出卖。此山之界限：上凭世荣与买主之木为界，下凭水沟，左凭买主之木为界，右凭五股之木为界，四处分清。请中出卖与姜开明承买为业，当日议定价乙两七钱整，亲手收回。自卖之后，任从买主管业，卖主不得番（翻）悔。恐后无凭，立此断约存照。

凭中　姜登志

世培亲笔

（道）光十一年九月十五日　　立

立断賣山場杉木字人本寨姜世培侄
子明德二人為因要艮用度自願將杉木山場
一塊地名党秋在德宗田坎上此木地主
栽手分為四股栽手占壹股地主占三
股世培弟兄與世榮弟兄共占地主壹股
此壹股又分為六股世培與明德二人占二
小股立賣此山之界限上憑世榮與買主之木
為界下憑水溝左憑買主之木為界右憑
五股之木為界四處分清請中立賣與姜
開明承買為業當日議定價一兩七錢
整親手收回自賣之後任從買主管業
賣主不得翻悔恐后無憑立此斷約存照

憑中姜登志
世培親筆

道光十年九月十五立

# 姜奉生穷冉告杉木栽手断卖契

立断卖栽手杉木字人本寨姜奉生。为因要银用度，无处得出，自愿将到先年得栽买主四股之山地名穷冉告[1]，在世太之田坎上，与山界限：上凭油山，下凭世太田坎上，左凭油山，右凭德廷老木，界限分清。栽手、地主分为七股，地主占四股，栽手占三股。今将栽手三股出卖与 姜开明名下承买为业。当日三面议定价艮壹两整，亲手收回应用。自卖之后，任凭买主上山修理管业，卖主弟兄日后不得异言。恐有不清，俱在卖主理落，不关买主之事。恐后无凭，立此断约存照。

凭中　姜世学

代笔　姜开相

道光十一年十月廿日　　立

①穷冉告，苗语译音，意为米粟树岭下边山冲，在加池寨往中仰方向1公里处。

立斷賣栽手杉木字人本寨姜春生為
因要銀用度無處得出自願將到先年得
栽買主四股之山地名穷冉告在世太之田坎上
與山界限上憑油山下憑世太田坎上左憑油山
右憑德通老木界限分清栽手地主分為五股地主
佔四股栽手佔三股今將栽手三股出賣與
姜開明名下承買為業當日三面議定價銀壹
兩整親手收回應用自賣之後任憑買主上山
修理管業賣主弟兄日後不得異言恐有不清
俱在賣主理落不閔買主之事恐后無憑立此
斷約存照

憑中姜世孝

代筆姜開相

道光十一年十月廿日立

# 姜世琏穷培粟杉木断卖契

立断卖杉木字人本寨姜世琏。为因缺少银用,无处得出,自愿将到党养的小地名穷培粟[1]山场乙块,上凭买主之山,下凭水沟,左凭老木,右凭五股之山木为界。其有山场分为叁大股,将此叁大股又分为六小股,本名占乙股的山场。其木分为四股,土主占三股,栽手占乙股。将地主之三股又分为六股,占土主乙股。又将党东杉木乙块,上凭宗周,下凭岩洞,左凭岩洞,下凭世招、开祥之木为界。其木分为五股,地主占三股,栽手占贰股,将栽手贰股并党养出卖与姜开明承买为业,当面凭中议定价银伍两整,入手收用。自卖之后,恁凭买主修理管业,卖主不得异言。恐有不清,俱在卖主理落,不关买主之事。其有党养土在内。今欲有凭,立此断卖为据。

凭中　堂弟光伟

道光十二年二月廿八日　亲笔立断是实

①穷培粟,即箬竹冲,在加池寨西南方向4.5公里处清水江右岸,已被水库淹没。

立斷賣杉木字人本寨姜世■為因缺少用無處得出自愿將到先養的小地名冗培
東山場一塊上憑買主之山下憑水溝左憑老木右憑五股之山木為界其有山場分為叁大股將
此叁大股又分為六小股本名占一股的山場其木分為四股土主占三股栽手占一股將地主之三股
又分為六股占土主一股又將先東杉木一塊上憑宗園下憑岩洞左憑容响右憑世相同祥之木為
界其木分為五股地主占三股栽手占弍股將栽手弍股並先養出賣與
姜開明承買為業當面憑中議定價銀伍兩整入手收用自賣之后恁憑買主修理
管業賣主不得異言恁有不清俱在賣主理落不関買主之事其有先養亦在內
今欲有憑立此斷賣為據

憑中堂弟先傑

道光十二[illegible]年二月廿八日

親筆立斷是實

# 姜世宽怀行则杉木断卖契

立断卖杉木约人本寨姜世宽。为因缺少费用，无处得出，自己愿将到土名怀行则[①]杉木乙块，上凭凹，下凭岩，左凭路，右凭姜廷瑜山为界，四至分清。其土分为二股，本名占乙股；其木分为四股，本名占乙股。连土在内。又将土名刚套杉木乙块，土栽分为拾股，本名占土主乙股，出卖。此山现是世璜、世安、开明文所共之山，此刚套之土在外。二处出卖与姜开明名下承买为业，当日议定价银八两乙钱整，亲手收用。自卖之后，恁凭买主修理管业，卖主不得异言。倘有不明，俱在卖主理落，不与买主何干。今恐无凭，立此断价约人存照。

凭中　杨枝荣　姜世培

代笔　姜世璜

道光十二年三月初九日　　立

①怀行则，加池苗音读“bái xín zè”，其他文书也写作“培显则”，在加池寨西南方向4公里处清水江右岸。

立斷賣杉木約人本寨姜世寬為因缺少費用
無處得出自己愿將到土名懷行別杉木山塊上憑門
下憑岩左憑路右憑姜廷瑜山為界四至分清其土
分為二股本名占山股其木分為四股本名占山股連土
在內又將土名剛養杉木之塊土栽分為拾股本名占土
主山股出賣此山現是世璜世安開文明故共之山此剛養之
土在外二姓出賣與姜開明名下承買為業當日議定
價銀八兩山錢整親手收用自賣之后任憑買主修理
管業賣主不得異言倘有不明俱在賣主理落不與買
主何干今恐無憑立此斷賣約人存照

憑中 楊枝榮
姜世培
代筆姜世瑭

立

道光十二年三月初九日

# 张士清父子皆梨杉木栽手断卖契

立断卖栽手杉木人居住包鬼①张士清父子。先年得写加池寨地主姜开明与姜福宗所佃种之山,土名皆梨②。此山分为五股,地主占叁股,栽手占贰股。此山界限:上凭凹与买主,下凭岩梁,左凭土主,右凭冲,四至分明。此山先年新父③得写栽杉种地,今父不在,子张永荣、弟老二弟兄二人仰补④土主姜开明名下承买为业。当日凭中补栽股之价银三钱。其木自补之后,各在土主修理管业,栽手父子弟兄不得异言。恐手无凭,此卖栽手字样为据。

凭中　姜朝英

代笔　姜开渭

道光拾二年三月十二日　　立

①包鬼,苗语译音,意为尖岭,在加池寨东北方向2公里处,靠近岩湾村,旧时有人居住。包,读为"雹"音。

②皆梨,苗语意为杨梅树下边。

③新父,即先父,加池一带"新"与"先"音相近。

④仰,锦屏地区方言,"将就"、"顺便"之意。仰补,意即将就转卖。

立斷賣栽手杉木人居住包龟張士清父子先年得買加池寨地主姜開明與姜福宗所佃種之山土名皆刹裂此山分爲五股地主佔叁股栽手佔弍股此山界限上憑凹與買主下憑岩梁左憑土主右憑冲四至分明此山先年新父得買栽杉種地今父不在子張元榮弟老二弟兄二人仰補土主姜開明名下承買爲業當日憑中補栽股之價銀三錢其木自補之後各在土主修理管業栽手父子弟兄不得異言恐后無憑此賣栽手字樣爲據

憑中姜朝英

代筆姜開渭

道光拾二年三月十二日立

## 姜开基穷故宠等山土断卖契

立断卖土字人本房姜开基。为因家中要银用度，无处所出，自愿将到土乙共五块：穷故宠乙块，分为四股，开基名下占半股。界限：上凭朝英与买主之木为界凭岩梁，下凭半冲凭买主与开文之界，左右凭岩梁。其有杉木先年早卖与买主。又皆板穷套之土乙块，分为二大股，开基名下占半股。界限：上凭脑（垴），下凭冲，左凭朝英之山以至冲为界，右凭岭以下凭世黄为界。其有杉木先年早卖与买主。又乌漫皆也乌在开祥之田坎盘下岩梁以至买主得买老苏之田坎脚，左上边凭开祥之田角至岩洞为界，右下边凭买主得买开元弟兄之土为界。计山内有五岭四小冲。此山土分为五股，开基名下占半股。其有杉木先年早卖与买主。又翻过下边买主之田角以至宗周之田坎脚上下两接（截）：上接（截），上凭宗周田脚，下凭盘路，左凭宗周木，右凭德廷木。此土分为二股，开基名下占乙股。又盘路下之土分为三股，开基名下占半股。其有界限：上凭盘路，下凭地梁凭老孟栽之木盘过①上边凭德廷之木，左凭买主田角破岭中间以路为界，右凭大冲。计内有乙岭半。又一半冲，其有两接（截）之木先年早卖与买主。之余存五处之土，转卖与买主姜开明名下承买为业。当日议定价艮乙两三钱整，亲手收回应用。自卖之后，恁从买主修理管业，日后卖主不得异言。倘有不清，俱在卖主理落，不与买主何干。今恐无凭，立此卖字约存照。

亲手笔

凭中　姜世清

道光拾二年八月十乙日　　立

①盘过，锦屏方言，横过之意。

立斷賣□□字人本房姜開□為因家中要銀用度無從所出自
愿將到□□一共五塊𡊮故□□塊分為四股□□□□□□□
上凴朝英與買主之木界凴岩梁下凴半沖凴買主與開文之
界左右凴岩梁其有杉木先年早賣與買主文皆叔密奄之
山塊分為二大股開基名下占半股界限上凴𡻝下凴沖左凴朝英之
山所至沖為界右凴嵅所下凴世黄為界其有杉木先年早賣與買
主又烏慢皆已烏在開祥之田坎盤下岩梁所至買主得買老蘊之
田坎脚左上边凴開祥之田角至岩洞為界右下边凴買主得買開
先叢兑之土為界計山內有五山嶺四小沖此山土分為五股開基名下
占半股其有杉木先年早賣與買主又翻過下边買主之田角所至
宗周之田坎脚上下兩塊土上塝上凴宗周田塝下凴盤路左凴宗周木右
凴德毛木此土分為二股開基名下占一股又盤路下之土分為三股開基
名下占半股其有界限上凴盤路下凴地梁凴老孟栽之木盤過上边凴德廷
之木左凴買主田角破嶺中間所路為界右凴大田計山內有乙山嶺半大一半沖與
有兩塝杉木先年早賣與買主之餘存五處之土轉賣與買主
姜開明兄下承買為業當日議定價良□□□□親手收回應用
自賣之后任從買主管理管業日後賣主不得異□倘有不清俱在
賣主理落不與買主何干今恐無凴立此賣字約存照
憑中 姜世清 親手筆
道光□十一年八月十一日 立

# 姜开基党样等处山土杉木断卖契

立断卖杉木与土字人本房姜开基。为因要艮用度，无处所出，自愿将到杉木与土共四处：一处地名党样之土一块，在德宗之田坎上，分为三大股，开基占半股。其有木先年卖与买主，今又出卖土与买主，界限照依先写约契管业。又地名刚套之杉木山场一块，分为十二股，开基占乙股，界限照依先前约契管业。又杉木山场一块，地名党样，在世黄的田坎下。此杉山分为二股，开基占一股。界限：上凭岩梁上，下凭德廷之共山，左凭故包所栽之木，右凭朝英之木，四至分清。又地名皆路却[①]之土乙块，分为四大股，开基与老苏共占乙股，界限：上凭买主，下凭岩梁以至冲为界，左凭买主之土为界，右凭冲，四至分清。此老苏与开基之乙股，弟兄相拨，老苏占上边之一块，此下边之乙块拨与开基名下，出卖与姜开明名下承买为业。当日议定价艮六钱五分整，亲手收回应用。自卖之后，恁凭买主栽种修理管业，卖主不得异言。恐后无凭，立此断卖字约为据。

凭中　胞弟姜老苏

亲手笔

道光拾二年十乙月初二日　　立

①皆路却，即皆路脚，苗语译音，意为甜竹笋坡下边。

立斷賣杉木與土字人本房姜開基為因要艮用度無
処所出自愿將到杉木自土共四処一処地名党橼之土一塊
在德宗之田坎上分為三大股開基占半股其有木先年賣
與買主今又出賣土與買主界限照依先寫約契管業
又地名刚蚕之杉木山塲一塊分為十二股開基占一股界限照
依先前約契管業又杉木山塲一塊地名党橼在世黄的田
坎下此杉山分為二股開基占一股界限上憑岩梁上下憑德
廷之共山左憑故包所栽之木右憑朝英之木四至分清又地名
皆路却之土山塊分為四大股開基与老蘊共占一股界限上憑
買主下憑岩梁以至冲為界左憑買主之土為界右憑冲四至分
清此老蘊与開基之一股胞兄相發老蘊占上边之一塊此下边之山
塊發与開基名下出賣與姜開朔名下承買為業当日議定價
艮六兩五錢整親手收回應用自賣之後任憑買主栽種修理管
業賣主不得異言恐後無憑立此斷賣字約存照

憑中胞兄姜老蘊

親手筆

道光拾二年十一月初二日 立

# 姜苏连穷故宠等山土断卖契

立断卖土字人本房姜苏连。为因家中缺少银用,无处所出,自愿将到土名乙共五块:穷故宠乙块,分为四股,苏连名下占半股。其有界限:上凭朝英与买主之木界凭岩梁,下凭半冲凭买主与开文之木为界,左右凭岩梁。其有杉木先年早卖与买主。又皆板穷套之土乙块,分为二大股,苏连名下占半股。界限:上凭堖,下凭冲,左凭朝英之山以至冲为界,右凭岭以下凭世黄为界。其有杉木先年早卖与买主。又乌慢皆也乌在开祥之田坎盘下岩梁以至买主得买老苏之田坎脚,左上边凭开祥之田角至岩洞为界,右下边凭买主得买开元弟兄之土为界。计山内有五岭四小冲。此山分为五股,苏连名下占半股。其有杉木先年早卖与买主。又翻过下边买主之田角以至宗周之田坎脚上下两接(截)土:上接(截),上凭宗周田脚,下凭盘路,左凭宗周木,右凭德廷木。此土分为二股,苏连名下占乙股。又盘路下之土分为三股,苏连名下占半股。界限:上凭盘路,下凭地梁凭老孟之木盘过上凭德廷之木,左凭买主田角破岭中间以路为界,右凭大冲。计山内有乙岭半。又乙半冲,其有两接(截)之木,先年早卖与买主。之余存五处之土转卖与买主姜开明名下承买为业。当日议定价银乙两三钱整,亲手收回应用。自卖之后,恁从买主修理管业,日后卖主不得异言。倘有不清,俱在卖主理落,不与买主何干。今恐无凭,立此卖字约存照。

代笔　姜开祥

道光拾三年正月十四日　　立

立斷賣土字人本房姜蘊連為因家中缺少銀用無處所出自愿將到土名乙共五[illegible]
故羅乙塊分為四股蘊連名下占半股其有界限上憑朝英與買主之木界憑岩梁[illegible]
沖憑買主與開文之木為界左右憑岩梁其有杉木先年早賣與買主又皆板穷[illegible]之
土乙塊分為二大股蘊連名下占半股界限上憑㵎下憑沖左憑朝英之山以至沖為界右憑[illegible]嶺
以下憑世黄為界其有杉木先年早賣與買主又烏慢皆也烏在開祥之田坎盤下岩梁
以至買主得買老蘊之田坎脚左上边憑開祥之田角至岩洞為界右下边憑買主得買開元
弟兄之土為界計山内有五[illegible]嶺四小沖此山土分為五股蘊連名下占半股其有杉木先年
早賣與買主又翻過下边買至之田角以至宗周之田坎脚上下两樓土上樓上憑宗周[illegible]下
憑盤路左憑宗周木右憑德廷木此土分為二股蘊連名下占乙股又盤路下之土分為三股蘊連
名下占半股界限上憑盤路下憑地梁憑老孟之木盤過上边憑德廷之木左憑買主田角破嶺
中间以路為界右憑大沖計山内有乙嶺半又乙半沖其有两樓之木先年早賣與買主之餘存
五處之土轉賣與買主姜開明名下承買為業當日議定價銀乙两三分悉親手收回應用自賣之
后恁從買主修理管業日后賣主不得異言倘有不清俱在賣主理落不與買主何干今恐無
憑立此賣字約存照

代筆　姜開祥

道光二十年[illegible]月十四日立

# 姜之俊党东山场杉木断卖契

立断卖山场杉木字人本寨姜之俊。为因缺少银用,自愿将到杉木乙块,土名党东,即在大路边。上凭路,下凭水沟,左凭世洪之杉木以路为界,右凭朝英以世昭之木为界。此山分为贰大股,之美占乙股,本名占乙股。今将本名乙股出卖与姜开明名下承买为业,当面议定价银壹两六钱,入手收用。自卖之后,恁凭买主管业,卖主无异言。倘有不清,卖主理落,不关买主之事。恐说无凭,立此卖字为据。又将杉木乙块,土名党东,上凭之毫,下凭之毫,左凭岭,右凭冲以世培之山为界。此山分为叁大股,德廷占乙股,之美占乙股,本名占乙股,出卖。日后长大发卖,土□□□[①]。立此约为凭。

内添二字

道光十三年四月初三日　之俊笔立是实

①原契中此三字被人为挖去,应为“归原主”。

立斷賣（山塊）杉木字人本寨姜之俊為因缺少艮用自愿將到杉木山塊土名党
東即在大路边上凴路下凴水溝左凴世洪之杉木以路為界右凴朝英以世昭
之木為界此山分為弍大股之姜占山股本名占山股今將本名山股出賣
與 姜開明名下承買為業当面议定價艮壹両六分入手収用自
賣之后恁凴買主管業賣主無異言倘有不清賣主理落不干買主
之事恐口無凴立此賣字為據又將杉木山塊土名党東上凴之㙮下
凴之㙮山左凴山嶺右凴沖以世培之山為界此山分為叁大股總廷占山股之姜占山股
本名占山股出賣日后長大發賣土
立此約為凴

内添二字

道光十三年四月初三日 之俊筆 立是實

# 姜世琏冉谷山场杉木断卖契

立断卖山场杉木字人姜世琏。为因要银用度，无处得出，自愿将到杉山乙块，土名冉谷，上凭田，下凭岩洞，左凭之琏山为界，右凭木红，四至分明。此山分为四大股，光秀弟兄占贰股，之美弟兄占乙股，世琏名下占乙股。今将本名乙股出卖与姜开明承买为业。当面议定价银壹两柒钱，亲手收用。自卖之后，恁凭买主管业，卖主不得异言。恐有不清，卖主理落，不关买主之事。今欲有凭，立此断卖字为据。

凭中　姜光伟

道光十三年四月十八日　亲笔立卖字是实

立斷賣山場杉木字人姜世璉為因要銀用度無處得出自愿將到
杉山乙塊土名冉各上凭田下凭岩洞左凭之璉山為界右凭木紅四
至分明山此分為四大股光秀弟兄占弍股之美弟兄占乙股世璉名下
占乙股今将本名乙股出賣與
姜開明承買為業當面議定價銀壹兩柒錢親手收用自賣之后恁
凭買主管業賣主不得異言恁有不清賣主理落不関買主之事
今欲有凭立此斷賣字為據

凭中姜光偉
親筆立賣字是实

道光十二年四月十八日

# 姜世连兄培早油山断卖契

立卖油山字人加池寨姜世琏。为因缺少银用，自愿将到祖遗油山乙块，土名兄培早，上凭开祥油山，下凭世璜杉山，左凭凤翔杉山，右冲，四至分明。今凭中出卖与潘秉辉名下承买为业。当面凭中议定价色银[1]柒两五钱，入手收用。自卖之后，恁凭买主管业，卖主不得异言。恐有不清，俱在卖（主）理落，不与买主何干。今欲有凭，立此断卖为据。

开明

凭中　之美　花（画）押

光伟　花（画）押

道光十三年十二月十七日　世琏亲笔立是实　花（画）押

①色银，又称普通首饰银或次银，系在纯银或足银中加入少量的铜等其他金属而成，质地比较坚硬。作为货币流通的色银成色有多种，成色较高的有九八银、九九银、八〇银等，九九银也称足银，八〇银也称为潮银。也有七〇、六〇等低色银。

立賣油山字人如地寨姜世燧為因缺少用費自
愿將到祖遺油山乙塊土名兄培早上老周祥油山下坎
世瑞杉山左凴凤翔杉山右抵四至分明今凭中
出賣與 潘秉輝名下承買為業當面凭中議定
價銀名柒兩五錢入手收用自賣之后恁從買主管
業賣主不得異言恐後有不清俱在賣理落不與
買主何干今欲有凭立此斷賣為據

何明

凭中 王美花押
光偉花押

道光十年十月廿七日 世燧親筆 五月立吉花押

# 姜世琏兄培早油山杜卖契

立杜(断)卖油山并土杉木约人加池寨姜世琏。为因缺少银用,自愿将到土名兄培早油招大油山土乙块,上凭开祥油山地垦,下凭世璜之山,左凭凤兰之山,右凭冲,四至分明。今凭中杜(断)卖与江西①潘秉辉名□□业,当面议定价色银柒两五钱,亲手收用。自卖之后,恁凭买主管业,卖主不得异言。恐说无凭,立此断是实。

凭中　开文押　开明押
　　　之美押　光伟押

道光十三年十二月十八日　世琏亲笔立是实　押

①江西,指江西省。清乾隆至道光年间,江西、湖南等省来到锦屏等清水江中下游地区佃山造林的贫民众多,有很大一部分人在此地落户。

立杜賣油山並杉木約人加池寨姜世璉，為因缺少銀用，自愿將到土名党培早油杉木油山乙塊，上凭開祥油山地，是下凭世璜之山，左凭鳳翔之山，右凭冲，四至分明。今凭中杜賣与西江潘東輝名下承業，當面議定價色銀柒兩五錢，親手收回應用。自賣之后，任凭買主管業，賣主不得異言。恐後無凭，立此杜斷字是實。

凭中　開文　押
　　　開明　押
　　　之美　押
　　　光煒　押

世璉親筆　立是實　押

道光十五年十二月十八日

# 姜世元皮古中秋油山断卖契

立断卖油树并地土约人本房姜世元。为因家中缺少银用，无处得出，亲自将到油山乙块，地名皮古中秋①，上凭苏连之油山，下抵子杉木为界，左凭世太之油树，右凭买主油山为界，四至分明。凭中出卖与姜成瑜伯爷②名下承买为业。当日凭中议定断价银四两四钱整，亲手领回应用。其油山自卖之后，任凭买主上山修理管业，卖主不得异言。恐后无凭，立此断卖油山约存照。

凭中　姜世儒

亲笔

道光十四年二月初一日　　立

①皮古中秋，其他文书多写作“培固中央”，加池苗语译音，意为往中仰侗家去的山坡，在加池寨往中仰方向一里许。

②姜成瑜伯爷，即姜廷瑜大伯。伯爷，指父亲的堂兄。

立断賣油樹並地土約人本房姜世元為因家中缺少銀用無從得出親自將到油山塊地名[illegible]上抵油山下抵[illegible]子杉木為界左憑世太之油樹右憑買主油山為界四至分明憑中出賣與姜成瑜伯爺名下承買為業當日憑中議定断價銀四兩四錢整親手領回應用其油山自賣之後任憑買主上山修理管業賣主不得異言恐后無憑立此断賣油山約存照

憑中姜世儒
親筆

道光十四年二月初一日　立

# 姜世宽兄弟刚套山场断卖约

立断卖山场约人本寨姜世宽、世安兄弟二人。为因家下缺少艮用，无处得出，自愿将到刚套山场乙块，此山界限：上凭凹，下凭冲，左(右)凭世荣之山，右(左)①凭之模之山为界，四处分清。此山场分为四大股，世宽、世安兄弟占乙股。今将出买与姜开明名下承买为业，自己相议定价银四钱整，亲手收回应用。自卖之后，恁从买主管业，日后兄弟不得争论。倘有不清，枸(俱)在卖主理落，不关买主之事。恐后无凭，立此断约为据。

亲笔　姜世安

道光十四年三月初七日　　立

①原契“左”字侧添加“右”字，“右”字侧添加“左”字。应为当时书写错误，发现后再由书写者批加更正。

立断賣山場約人本寨姜世宽世安兄弟二人為因家下缺少艮用無從
得出自愿將到剛養山場乙塊此山界限上憑[illegible][illegible]憑冲左憑世榮之山右憑冗
之模之山為界四至分清此山場分為四大股世宽世安兄弟占乙股今將出賣
與姜開明名下承買為業自己相議定價銀四分五親手收回應用自賣之
后恁從買主管業日后兄弟不得爭論倘有不清拘在賣主理落不関買主
之事恐后無凭立此断約為據

親筆姜世安

道光十四年三月初七日

立

# 姜光伟皆粟杉木土股并栽手断卖契

立断卖栽手并土股杉木字人姜光伟。为因缺少银用，自愿将到先年佃栽三公之山乙块，土名皆粟，上凭朝英田角横过凭福香保之山为界，下凭水沟，左凭岭，右凭半领(岭)迫坡为界。此山土栽分为五股，地主占叁股，栽手占贰股。栽手的贰股分为八小股，光伟名下占乙小股。其有地主叁股分为贰拾四股，光伟占乙股，光伟的本名地股、栽股乙路同中出卖与姜开明承买为业。当面议定价银四钱五分，亲手收用。自卖之后，任凭买主管业，卖主不得异言。恐有不清，俱在卖主理落，不关买主之事。今欲有凭，立此断卖杉木为据。

道光十五年润(闰)六月初十日　光伟、堂兄世琏亲笔同立

立斷賣栽手並土股杉木字人姜光偉為因缺少用自愿將到
年佃栽三公之山一塊土名皆票上憑翻平田角横過憑楊杏保之田為界下憑
水溝左憑嶺右憑平嶺迫坡為界此山土栽分為五股地主占叁股栽手占
弍股栽手的弍股分為八小股光偉名下占一小股其有地主叁股分為弍拾四
股光偉占一股光偉的本名地股栽股一路同中一亦賣與
姜開明承買為業當面議定價銀四兩五分親手收用自賣之后憑從買主
管業賣主不得異言恐有不清俱在賣主理落不關買主之事今欲
有憑立此斷賣杉木為據

道光十五年閏六月初十日

光偉 堂兄 世琏親筆同立

# 姜老苏六百山等杉木山场断卖契

立断卖杉木山场又油山字人本房姜老苏。为因家中要艮用度,无处寻出,自愿将到杉木山场一块,土名六百山。此山界限:上边凭浪讲[1]上头为界,下凭大坪为界,左凭大冲中间为界,右凭岭。下边对面乌十之一边的界限:上凭岭,下凭犁嘴,左凭岭,右凭大冲,四处界限分清。此山场之土股分为六大股,廷华、廷香、老上、老苏四人占一大股。一股分为四小股,老苏占一小股出卖。又油山土名培格,在之模的田角。油山分为二股,开祥占一股,老苏占一股。杉木山场连代(带)油山老苏名下出卖与姜开明名下承买为业。当日凭中议定价银壹两零五分,亲手收回应用。自卖之后,任凭买主修理管业,卖主父子日后不得异言。恐后无凭,立此断卖字约存照。

代笔　堂弟姜开书

凭中　姜世清

道光十五年十月十四日　　立

①浪讲,锦屏方言,读音为"nāng jiǎng",指山梁如动物颈部的狭窄部位。颈,锦屏方言读"讲"音。

立斷賣杉木山場又油山字人本房姜老蘇為因家中要艮用度無處尋出自愿將到杉木山場一塊土名六百山此山界限上憑浪講上嶺為界下憑大坪為界左憑大冲中间為界右憑嶺吊下边对面烏十之一边的界限上憑嶺下憑黎嘴左憑山嶺右憑大冲四処界限分清此山場之土股分為六大股廷華廷香老上老蘇西人占一大股為一股分為四小股老蘇占一股出賣又油山土名培粉在之模的田角油山分為五股開祥占一股老蘇占一股杉木山場連代油山老蘇名下出賣與姜開明名下承買為業当日憑中議定價艮壹兩零五分親手収回應用自賣之後任憑買主修理管業賣主父子日後不得異言恐后無憑立此斷賣字約存照

代筆堂弟姜開書

憑中姜世清

道光廿五年十一月廿四日 立

## 姜世安乌什两边溪山场杉木断约

立断卖杉木山场约人本寨姜世安。为因家下缺少艮用，无从得出，自愿将到地名干占乌什两边溪，左边溪之界限：上凭岭，下凭岩洞，左凭岭，右凭之毫得买福宗之山以下至田，以溪为界。右边溪上凭廷烈，下凭溪，左凭冲，右凭买主之山为界。又将到穷皆告[1]乙小团，界限：上凭志太得买栽手之木界，下凭水沟，左凭世太之木，右凭买主之山为界，四至分清。此山分为六大股，先年与世璜共得买故省之乙股。自[2]乙股分为四股，世宽占乙股，世璜占二股，本名占乙股出卖与姜开明名下承买为业。自己相(商)议定价银六钱整，亲手收回应用。自卖之后，恁从买主管业，卖主不得异言争论。恐有不清，枸(俱)在卖主理落，不干买主之事。恐后无凭，立此断约为据。

亲笔

道光十六年十二月二十三日　　立

①穷皆告，在米栗坡冲脚。

②自，即"这"，加池方言"自"、"这"音相近。

立断賣杉木山場約人本寨姜世安為因家下缺少艮用無
從得出自愿將到地名干烏什向边溪右边溪之界限上凴嶺西
凴岩洞左凴嶺右凴之堯得買福宗之山以下至田以溪為界右边溪
上凴廷烈下凴溪左凴冲右凴買主之山為界又將到寨劳皆白告乚小團界
限上凴志太得買栽手之木界下凴水溝左凴世太之木右凴買主之山
為界四至分清此山分為六大股先年典世璜、[illegible]得買故省之乙股自
乚股分為四股世寬占乚股世璜、占二股本名占乚股出賣典
姜開明名下承買為業自己相議定價艮六分五[illegible]親手收回應用自
賣之后恁從買主管業賣主不得異言爭論倘有不清拘在賣主
理落不干買主之事恐后無凴立此断約為據

親筆

道光十六年十二月二十三日 立

# 姜朝弼冉皆笼杉木山场断卖契

立断卖□□□□□□姜朝弼。为因家中要银用度，无处所出，自□□到先前得买姜士龙、合龙弟兄之杉木山场乙块，土名冉皆笼。此山地主、栽手分为五股，栽手占贰股，地主占三股。地主之三股辛龙弟兄占乙股，士龙、合龙弟兄占乙股，本名与朝英五人占乙股。本名之乙小股先前早卖与买主开明了，余存得买士龙、合龙之乙股又复卖与买主姜开明名下承买为业。当日凭中议定断价银二钱整，亲手收足应用。自卖之后，任凭买主修理管业，卖主父子不得异言。其有山之界限：上凭佐兴三公之木与田角盘过领（岭）为界，下凭溪边之岩为界，左凭溪，右凭买主之木为界，四处界限分清。恐后无凭，立此断约为据。内添三字。

凭中　姜士龙、世安

代笔　姜开良

道光十八年五月十日　　立

立断賣 姜翔弼為因家中要銀用度無從處
所出自 到 先前得買姜士條合、龍弟兄之杉、山場一塊，土名冉宮
嶺此山地主栽手分為五股，栽手佔弍股，地主佔三股，地主之三股，本龍
弟兄佔一股，士龍、合龍弟兄佔一股，本名與翔英各佔一股，本名之一小股
冉宮 名此
□□□千賣與買主開明了，所存得買士龍、合龍之一股，今復賣與買
主□□開明名下承買為業，當日憑中議定断價銀□□□親手收足應用，自
賣之後，任憑買主修理管業，賣主父子不得異言。其有山之界限，上憑依
田與三公之木與田角盤過嶺為界，下憑溪邊之岩為界，左憑溪，右憑買主之木
為界，四憑界限分清，恐后無憑，立此断約為據。

內添三字

憑中 姜士龍 姜世安
代筆 姜開良

道光十八年五月十八日 立

# 姜世洪兄弟皮冉依杉木山场断卖契

立断卖杉木山场字人本寨姜世洪、应生兄弟。为因要艮用度,无处得出,□愿将到杉木山场乙块,地名皮冉依[1]。此山界限:上凭德贵油山脚,下凭盘路,□凭岭以下凹又下破岭中间以下盘路为界,右凭冲之大路为界。此山土栽分为五股,世洪、应生四弟兄占乙股,弟兄相拨[2]分落世洪、应生二人名下。今将土主乙股出卖与 姜开明名下承买为业。当日凭中议定价银四钱五分整,亲手领回。自卖之后,任从买主管业,卖主不得异(言)争论。倘有不清,俱在卖主理落。恐口无凭,立此卖字是实。

外批:栽手二股在外。

凭中 姜世安

道光十八年五月廿日 世洪亲笔 立

姜凤仪批:出元来[3]祖业三大股,地主本家占一股,世洪弟兄占一股,应弟乔共占一股。于(余)存。应、弟乔的一股各在,以后分本家占贰股地股。

①皮冉依,其他文书也写作"培冉衣"、"培冉耶"等,苗语意为石头坡,在加池寨后面往文斗方向一里许。

②兄弟相拨,指兄弟内部之间进行调整分配。

③出元来,为"除原来"之误。

立断賣杉木山塲字人本寨姜世洪應生兄弟爲因要艮用度無從得出
[redacted]愿將到杉木山塲山塊地名皮冉依此山界限上憑德贵油山脚下憑盤路
[redacted]坎崩以下四又下破崩中间以下盤路爲界右憑中之路爲界此山土栽分
爲五股世洪應生四弟兄占四股弟兄相撥分落世洪應生二人名下今將土主
一股出賣与
姜開明名下承買爲業当日憑中議定價銀四两五錢親手收回自
賣之后任從買主管業賣主不得異争論倘有不清俱在賣主理落
憑中姜世安
口無憑立此賣字是实
外批栽手二股在外
道光十八年五月廿日
世洪親筆 立
姜鳳儀批此山栽手三大股地主本家占一股世洪弟兄占一股弟應喬共占一股於存應弟喬與股分在以後分本家占五股地股

## 姜通义叔侄之什山场杉木断卖契

立断卖杉木山场约人文斗寨姜通义、通元仝侄光宗。为因家中缺少银用,无出,自愿将到地名之什,上凭范文通之祖坟,下抵大河,左凭之毫山,右凭范正邦之山。此山分为四拾捌两九钱九分七厘,本名占地租杉木八两贰钱贰分八厘。今将出卖与姜开明名下承买为业。面议价纹银九钱五分,亲手领回应用。其山地股、栽手分为五股,栽手占贰股,地租占叁股。自卖之后,任凭买主修理蓄禁管业。若有来历不明,俱在卖主上前理落。今欲有凭,立此卖地主并杉木字为据。

外批:杉木并土俱卖是实。先年得买加池寨姜世德之壹两六钱四分叁厘,共合八两二钱二分八厘。钓渭占乙两六钱四分三厘在外。原卖主姜光连、光显。

凭中　姜世培

道光十八年七月十六日　通义笔立

立断賣杉木山塲約人文斗寨姜通聖義、通遹、元金、侄光宗，為因家中缺少銀用，無出，自愿將到地名之什上，憑荒文通之祖致，下抵大溝，左憑之豪山，右憑荒正邦之山，此山分為四拾捌兩九分九分七厘，本名占地租杉木八兩六錢貳分八厘，今將出賣與姜開明名下承買為業，面議價銀九錢五分，親手收回應用。其山地股栽手分為五股，栽手占弍股，地租占叁股，自賣之後，任憑買主修理蓄禁管業，若有來歷不明，俱在賣主上前理落。今欲有憑，立此賣地主股並杉木字為據。

外批：杉木並土俱賣與買主。

先年得買加池寨姜世培之壹兩五分四分叁厘……

憑中　姜世培

代筆　通聖義　筆

道光十八年七月十六日　立

# 姜三绞父子崇套杉木栽手断卖契

立断卖栽手杉木约人本房姜三绞、丙生父子。为因家下缺少银用，无处所出，自愿将到先年得写开明、开文弟兄之山乙块，地名崇套[1]。此山之界：上凭公之山，下凭岩嘴，左凭崇故宠以下凭世太以栽岩为界，右凭岭以下冲为界。此山土栽分为五股，土主占三股，栽手占二股。今将栽手二股出卖与姜开明、文二人名下承买为业。当日议定价纹银乙两整，亲手收足应用。其木至卖之后，恁凭买主修理落业，卖主不得异言。恐口南（难）凭，立此断卖栽手杉木为据。

凭中代笔　姜开渭

道光拾捌年九月二十五日　　立

①崇套，即穷套，指刚套下边的山冲。

立断賣栽手杉木約人本房姜三紋丙生父子為因家下缺少銀用無處所出自愿將到先年得鳥開明開文弟兄之山乙塊地名岩崇套此山之界上憑公之山下憑岩嘴左憑崇故寵以下憑世太以栽岩為界右憑嶺以下冲為界此山土栽分為五股土主占三股栽手占二股今將栽手二股出賣與姜開明文二人名下承買為業當日議定價紋銀乙兩整親手收足應用其木至賣之后任憑買主修理落業賣主不得異言恐口無憑立此斷賣栽手杉木為據

憑中代筆姜開洲

道光拾捌年九月二十五日 立

# 姜贵连等冉第等五处山场杉木栽手断卖契

立断卖山场又代[1]所栽之栽手的杉木字人本寨姜贵连同嫂六英二人。为因先年所欠之账无处所出，自愿将到山场五处：乙处地名冉第[2]，在文现与宗周二房所争之地脚乙块，上凭二房所争之界限，下凭盘路，左凭成瑜、世招共山之界，右凭保柳之界限。此山地主分为五股，本名同嫂二人占地主乙股，栽手在外。又冉皆干乙块。此山地主分为十五股，本名同嫂共占一股。又得买合龙、土龙之五股，其有木先卖与买主，余存土今又复卖。此山界上凭光秀田，下凭冲，左凭买主，右凭大冲。又冉皆笼一块，上凭之毫田角盘过岭为界，下凭岩梁，左凭冲，右凭买主山。此山土主分为十五股，本名二人占一股。又得买生龙、生贵之五股，又合龙、土龙之五股，余存木先卖与买主了。又地名党加[3]，土主分为六十股，本名二人占一股。又栽手二股，买主占栽手一股，本名二人占一股。此山界限：上凭洪口，下凭冲，左凭开文、开让之山，右凭小冲与下大冲为界。又地名党后先年得栽买主之山，分为五股，本名二人占栽手二股。此山界限：左边上凭地梁与盘过买主之田坎脚，下凭世太田，左凭岭与开让之山为界，右凭买主田角为界，四处分清。一共五处，出卖与姜开明名下承买为业。当日凭中议定价纹艮三两正。其山场杉木自卖之后，任凭买主修理管业，卖主不得异言。恐后无凭，立此断约为据。

凭中　姜世琏

道光十八年九月三十日开胜亲笔　　立

①代，系“带”字之误。

②冉第，即冉计，加池苗语读“弟”字为“计”音。

③党加，其他文书也写作“党假”，苗语读为“dàng gā”，意为半坡间的唱歌坪。旧时加池、文斗等苗族村寨均辟有供男女青年休闲唱歌的场所，这些场所离村寨有2公里路。

立斷賣山場杉木油山契人李唐姜開基為因家中缺少服用無處尋出自愿將到山場乙塊土名窮助此山分為叁股買主占弍股老蔴甸基共占乙股將此乙股分為弍股開基占乙股出賣其有界限照依買主老契耕管又有油山之土名松培紂上憑大路下憑冲左憑買主右憑現彩其有界限分明今憑中出斷賣姜開明名下承買為業當面议定價脚弍兩乙錢入手應用自賣之后憑買主管業賣主不得異言恐有來路不明俱在賣主理落不與買主何干今欲有憑立此斷賣是实

憑中姜世奇　光偉

道光十年正月廿六日　之俊筆立斷是实

# 姜朝弼冉谷山场断卖契

立断卖山场字人本寨姜朝弼。为因家中要银用度，无处所出，自愿将到山场一块，土名冉谷。此山界限：上凭田，下凭大冲，左凭岭凭世太之山，右凭冲凭之豪之山木为界。此山分为叁大股，朝英、生笼占二股，朝弼占乙股，出卖与姜开明名下承买为业。当日凭中议定价良四钱正，亲手收回应用。自卖之后，任凭买主管业，卖主不得异言。倘有不清，俱在卖主理落，不关买主之事。恐后无凭，立此断卖字约为据。

凭中本寨　姜奉生<br>　　　　　　　开元

代笔　姜还乔

道光十八年十二月二十六日　　立

立断賣山塲字人本寨姜朝弼為因家
中缺銀用度無処所出自愿將到山塲一
塊土名谷此山界限上憑田下憑大冲左憑嶺憑世
太之山右憑冲憑之豪之山木為界此山分為叁大股
朝英姓箍占二股朝弼占山股出賣與姜開明
名下承買為業當日憑中議定價錢艮四錢整親
手收回應用自賣之后任憑買主管業賣主不得
異言倘有不清俱在賣主理落不與買主之事恐后憑
無憑立此断賣字約為據

憑中本寨姜華佳
開元
代筆姜际遐喬

道光十八年十二月二十六日　立

# 姜奉生皆占乌什两边溪山场断卖契

立断卖山场字人本寨姜奉生。为因家中要银用度，无处所出，自愿将到山场三块，地名皆占乌什两边溪，左边乙块界限：上凭岭、凭之毫之山木为界，下凭大溪以下盘路坎脚至岩洞上为界，左凭岭中间凭之毫之木，右凭之毫之山木为界。山内有贰岭乙冲。右边溪乙块界限：上凭开祥、笼生之山，下凭大溪，左凭之毫之山，右凭买主之山。此山两边溪之土分为六大股，奉生、奉有、文现、开相共占乙股。此自乙股分为四小股，奉生占乙小股；又穷皆告在廷珍之田坎上，上依照皆占乌什之股数均分，不得错乱。今凭中出卖与姜开明名下承买为业。当日凭中议定断价纹银九钱五分整，亲手收回应用。自卖之后，恁凭买主管业，卖主不得异言。恐有不清俱在卖主理落，不关买主之事。恐后无凭，立此断卖字约为据。

凭中　姜朝弼
　　　　姜开元

道光拾八年十二月廿八日　　姜世琏笔　　立卖字是实

立断賣山場字人本寨姜奉生為因家中要艮用度無處所出自愿將到山場三塊
地名皆告占烏仵両边溪左边乙塊界限上凭嶺凭之毫之山木為界下凭大溪以下盤路
坎脚至岩洞上為界左凭嶺中間凭之毫之木右凭之豪之山木為界山內有弍嶺乙冲右边溪
乙塊界限上凭開祥龍生之山下凭大溪左凭之毫之山右凭買主之山此山两边溪之土分為
六大股奉生泰有文現開相共占乙股此自乙股分為四小股奉生占乙小股又窖皆告在廷珍當
坎上上依照皆告占烏仵之股數均分不得庯乱今凭中出賣與
姜開明名下承買為業当日凭中議定断價紋艮九兩五分亲手收回應用自賣之后恁憑
買主管蓄賣主不得異言恐有不清俱在賣主理落不關買主之事恐後無憑立此
断賣字約為據

凭中 姜朝弼
　　　開元

姜世璉筆 立賣字是实

道光廿八年十二月廿八日

# 陆光廷眼谷杉木栽手断卖契

立卖栽手杉木字人中仰寨陆光廷。先年所栽之木眼谷杉木乙块，上凭田为界，下凭冲，左凭大领（岭），右凭小领（岭）为界，四至分明。今凭土栽分为五股，地主占三股，栽主占二股。将栽主二股出卖与加池 姜开明名下承买为业。当日议定价银乙两乙钱整，亲手收回应用。其杉木自卖之后，任从买主修理官（管）业，卖主不得异言。

栽主亲笔

道光十九年十二月初四　　立

立賣栽手杉木字人中仰寨陸光廷先年所栽之木眼谷杉木乙塊上憑田爲界下憑冲左憑大嶺右憑小嶺爲界四至分明今憑出栽分爲五股地主占三股栽主占二股將栽主二股出賣與加池姜開明名下承買爲業當日議定價銀乙兩乙錢是親手收回应用其杉自賣之後任從買主修理管業賣主不得異言

栽主親筆

道光十九年十二月　初四　立

## 姜老福等冉谷杉木栽手断卖契

立断卖栽手杉木字人本寨姜老福、香包。为因家中要银用度，无处得出，自愿将到先年得栽买主之山乙块，地名冉谷，在老苏之田沟坎下。此山界限：上凭田沟，下凭田沟，左凭冲，右凭老苏田角凭奔土①为界。此山地主、栽手分为五股，栽手占贰股。今张②栽手二股出卖与地主姜开文明弟兄二人名下为业。当日议定断价银乙钱五分，亲手收足应用。自卖之后，任凭买主修理管业，卖主不得异言。恐后无凭，立此断卖栽手字约为据。

外妣(批)：内添二字。

道光十九年十二月廿八日姜大荣笔　　立

①奔土，即“崩土”，意为自然滑坡。

②张，即“将”，旧时加池人常把“将”读为“张”音。

立斷賣栽手杉木字人本寨姜老福香包為因家中要銀用度無處得出自愿將到先年得栽買主之山一塊地名冉谷在老蘇之田溝坎下此山界限上憑田溝下憑田溝左憑冲右憑老蘇田角憑奔土為界此山地主栽手分為五股栽手占弍股此今將栽手二股出賣與地主姜開文明弟兄二人名下為業當日議定價斷銀一兩五分親手收足應用自賣之后任憑買主修理管業賣主不得異言恐后無憑立此斷賣栽手字約為據

外批內添二字

道光十九年十二月廿八日 姜大荣筆

立

# 姜世元父子皆料田坎上下杉木断卖约

立断卖杉木约人本寨姜世元、世杰、一宗父子。为因家中缺少银用，无处得出，亲自将到祖父之杉木，地名皆料[1]田坎上下之木共计十一根，又冉蜡[2]田坎下杉木三根，共该在十四根，恁凭买主管业，卖主弟兄父子不得异言。倘有不清，俱卖主理落，不与买主何干。当面凭中议断价纹银四钱二分，亲自领应用。其杉木凭中出卖姜凤仪名下承买为业。日后卖主不得异言。立此断卖杉木字约存照。

凭中　姜生兰

代笔　世元

道光廿年十二月廿八日　　立

①皆料，苗语音“gāi liāo”，意为大路下边。在加池寨脚半坡。

②冉腊，又称“冉拉”，位于加池村西南边500米处。“冉”，苗语意为岭；“腊”，苗语意为熟土或菜地。

立断賣杉木約人本寨姜世元世傑二家父
子為因家中缺少銀用無處得出親自
將到祖父之杉木地名堦料田坎上下之木共
計十根又冉蜡田坎下杉木三根共該在十四
根徒凴買主管業賣主弟兄父子不
得異言倘有不清俱賣主理落不干買主事
當面凴中議斷價紋銀四兩零二分親自
領應用其杉木凴中出賣
與姜鳳儀名下承買為業日后賣主
不得異言立此断賣杉木字約存
照

凴中 姜生蘭
代筆 世元

道光廿年十二月廿八日 立

## 范老炳石补见杉木栽手断卖契

立断卖栽手杉木约人岩湾寨范老炳。为因家中少缺艮用,无处得出,自愿将到先年得栽加池寨凤仪、鸣舞弟兄之山场乙块,土名石补见[①],上凭平(坪),下凭溪,左凭献壁,右凭文斗载渭[②],四至分明。今将栽手出卖与地主姜凤鸣舞二人名下承买为业。当日议定价银乙两八钱正,亲手收回。自卖之后,卖主子孙不得异言。恐有不清,俱在卖主理落,不关买主之事。恐后无凭,立此断卖约为据。

外批:止(只)是凤鸣一人得买。凤舞笔批[③]。

凭中　龙领乔

代笔　孙邦彦

道光二十二年十月初十日　　立

①石补见,苗语意为架有木枧的山包,在加池寨东边与文斗交界一带,距加池寨约3公里。

②载渭,即姜载渭,文斗富商姜仕朝之子。姜仕朝在清嘉庆前期,利用天柱坌处、清浪、三门塘三寨与今锦屏卦治、王寨、茅坪"三江"争夺"当江"专利权以致清水江河道被阻,锦屏等中上游地区木材大量滞销,木价猛跌之机,大量收购囤积木材。嘉庆十一年(1806年)在嘉庆皇帝的干预下,贵州省巡抚将坌处等寨强行镇压,清水江河道复通,姜仕朝所囤积的木材以高价卖出,于是暴富,成为"黄白冠千家"之巨室,与河口姚百万、瑶光姜志远并称为"清江三富"。姜仕朝去世后,由长子姜载渭执掌家务,系当时清水江中下游地区显赫的晋绅之一。

③此系后来所批。

立断賣裁手杉木約人岩湾寨
范老炳為因家中以缺乏用無
处得出自愿将到先年得栽加
池寨鳳儀鳴舞弟兄之山場山
境土名補見上凴平下凴溪
左凴献壁右凴文斗載渭四
至分明今将栽手出賣与地主
姜鳳鳴鳳舞二人名下承買為業當
日仪定價銀二両八分正親手收
回自賣之後賣主子孫不得
異言恐有不清俱在賣主理
落不関買主之事恐後無凴立
此断賣約為據
外批此是鳳鳴一人 凴中龍飯秀
得四只鳳舞筆批 代笔孫邦彥
道光二十二年十月初十日 立

# 潘炳贵断卖补两故我杉油山场契

立断卖茶山、杉木山场字人潘炳贵。为因兄长先科先年得买加池寨姜世连山场壹块，今请凭中出卖与姜凤仪兄弟三人名下承买为业。当凭中议定价纹银壹两贰钱正，其银亲手领回应用。坐落土名补两故我。其有界至照老契管业，卖主不得异言。恐人心不古，立此断卖字永远存照。

外批：老约并付姜姓收执。

凭中　姜开善 秀　周凤禧　王尊炳

代笔　朱达泉

道光廿叁年四月十四日　　立

立断卖屋山杉木山塲字人
涛炳青，为因先长先科先
年得买加池寨姜世连山
塲壹块，今请凭中出卖与
姜凤仪兄弟三人名下承买为
业，当凭中议定价纹银壹两
弍钱正，其银亲手领回应用，其
落土名补雨故我贝，有界至
照先契管业，卖主不得异
言，恐人心不古，立此断卖字
永远存照。

外批老约并付姜姓收执

凭中 姜开善
秀
周凤禄

王尊炳

代笔朱达泉

道光廿叁年四月十四日 立

# 姜凌云断卖仔什山场杉木契

立断卖山场杉木约人文堵寨姜凌云。为因要银使用，自愿将到先年先父得买龙光显弟兄之山场乙块，土名仔（之）什，界限：上凭格翁坟山，下凭大河，左凭开让之山，右凭洪路以范之齐[1]木为界。此山分为四拾玖两，本名得买光显弟兄乙两六钱四分三厘。今凭中出断卖与加池寨姜凤仪、凤鸣、凤舞三人名下为业。当日凭中议定价银叁钱正，亲手领回应用。其山自卖之后，恁从买（主）修理管业，卖主不得异言。倘有不清，俱在卖（主）理落，不与买主何干。今恐无凭，立此断卖字永远存照。

外批：老契未拨，日后寻出以为故纸[2]。外添四字。

凭中 唐朝儒 姜朝弼
彭宏魁 姜开让

道光贰拾叁年七月廿日亲笔 立

①范之齐，格翁人，道光年间武生，武艺高强，在格翁、塘东、韶霭民众讼斗姚百万中起武力后盾作用。

②故纸，意为废纸。锦屏县地区旧时订立山林土地买卖契约文书时，需要卖主将与所卖山林土地有关联的契约文书悉数交给买主（尤其是上手契约文书），有的则当场撕掉或烧毁。如与他人所共有的文书，亦应抄誊过来，以防卖主一业多卖。若当时因故未能将诸文书交给新买主（有的则故意未交），须作特别说明，如“老契未拨，日后寻出，视同故纸”等。

立断賣山場杉木約人文堵寨姜凌雲為因要銀使用
自愿將到先年先父問買龍光显山場乙塊土名存
什界限上憑格翁嶺跛山下憑大河左憑冲讓之山右憑洪路以
居之齊杉木為界此山分為四拾致兩本名得買光显乙弟兄丑六分
四分三元今憑中出断賣與
本地寨姜鳳儀鳳鳴鳳舞三人名下為業當日憑中議定
價銀叁錢正親手收回应用其山自賣之后任憑買主修理
若業賣主不得異言倘有不清俱在賣理落不與買主
何干今恐無憑立此断賣字永遠存照

外批老契未扒日后尋出以為故紙

外添四字

憑中 唐朝儒 姜朝弼 彭宏魁 姜開讓

道光贰拾叁年七月廿日親筆 立

## 朱镐杉木山场断卖契

立断卖杉木山场约人文堵寨朱镐。为因要银使用，自愿将到先年得买姜占鳌、杨贤、龙廷彩、孙长生公孙二人、占魁、显和七人名下所占之山十五两零七分八厘，出卖与朱镐名下。今朱镐凭中出卖与加池寨姜凤仪三人名下承买为业。当日凭中议定价银二两八钱正，亲手收回应用其艮。其山自卖之后，恁从买主管业，卖主子孙不得异言。恐后无凭，立断卖约为据。其山界限：上凭格翁坟山，下凭大河，左凭开让之山，右凭洪路凭范之齐山为界，四至分明。恐有不清，俱在卖主理落。

（"仪"旁注：鸣；"凤仪"旁注：舞）

凭中 唐朝儒 彭宏魁
姜朝弼 姜开让
代笔 高显荣

道光二十三年七月廿日 立

立斷賣杉木山場約人文堵寨朱鎬爲因要銀使用自愿将到先年
得買姜占鰲楊賢龍連彩孫長生公孫六人占魁昰智堯人名下的占之山十
五两〇七分八厘出賣与朱鎬名下今朱鎬憑中出賣與加池寨
姜鳳鳴儀年三人名下承買爲業當日憑中議定價銀十两八分正親手收回應
用其艮其山自賣之後恁從買主管業賣主子孫不得異言恐後無憑
立斷賣約爲據其山界限上憑格崗墳山下憑大河左憑甬衆之山右憑
洪路憑范之脊山爲界四至分明恐有不清俱在賣主理落

憑中 唐朝儒 姜朝弼 彭宏魁 姜甬讓

代筆 高昰荣

道光二十三年七月廿日 立

# 姜凌云仔什山场杉木断卖契

立断卖山场杉木约人文堵寨姜凌云。为因要银使用，自愿将到先年先父得买龙光显弟兄之山场乙块，土名仔什[1]，界限：上凭格翁坟山，下凭大河，左凭开让之山，右凭洪路以范之齐木为界。此山分为四拾玖两，本名得买光显弟兄乙两六钱四分三厘。今凭中出断卖与 加池寨姜凤仪、凤鸣、凤舞三人名下为业。当日凭中议定价银叁钱正，亲手领回应用。其山自卖之后，恁从买(主)修理管业，卖主不得异言。倘有不清，俱在卖(主)理落，不与买主何干。今恐无凭，立此断卖字永远存照。

外批：老契未扒[2]，日后寻出以为故纸。外添四字。

凭中 唐朝儒 彭宏魁 姜朝弼 姜开让

道光贰拾叁年七月廿日亲笔 立

①仔什，即之石。

②扒，系“拨”字之误。

立斷賣山場杉木約人文堵寨姜凌雲，為因要銀使用，自愿將到先年先父得買龍光星龍山場乙塊，土名存什，界限上憑格翁破，山下憑天河，左憑岭讓之山，右憑洪路以花之齐木為界。此山分為四股，兩本名得買光星乙股（光龍）六分四分之一，凡今憑中出斷賣與加池寨姜鳳儀、鳳鳴、鳳舞三人名下為業。立日憑中議定價銀叁錢正，親手收回應用。其山自賣之後，恁從買主修理管業，賣主不得異言。倘有不清，俱在賣主理落，不與買主何干。今恐無憑，立此斷賣字，永遠存照。

外批：老契未扒，日后尋出以為故紙。

外添四字

憑中　唐朝儒　姜朝瑚　彭宗魁　姜開讓

道光貳拾叁年七月廿日　親筆　立

# 杨胜和等蔡收杉木栽手断卖契

立断卖杉木约人莲花山[1]杨胜和、王士彦、蒲秀梅三人。因先年得栽加池寨姜士荣、凤仪之山一块，土名蔡收。此山界限：上凭文斗之山，下凭河，左右凭冲，四至分明。此山栽手、地主分为五股，地主占四股，栽手占乙股。一股又分为贰小股，胜和三人名下占一栽手一股。今将栽手出卖与加池寨姜士荣太、凤仪鸣、舞五人名下承买为业。当日凭中议定价艮五钱八分正，亲手收回。自卖之后，卖主子孙不得异言。倘有不清，俱在卖主理伦（论），不与买主何干。恐后无凭，立此断卖字为据。

凭中　孙邦彦　姜开义　蒲秀培

道光廿三年七月廿六日　　立

①莲花山，在加池村的江对面，是加池的重要林业生产区。清代中后期，山上有佃户居住，20世纪50年代后搬迁下山。

立斷賣杉木約人蓮花山楊勝和、王士榮、蒲喜梅三人，因先年得栽加池寨姜士榮、鳳儀之山一塊，土名蔡杈。此山界限：上憑文斗山，下抵河，左右憑冲，四至分明。此山栽手、地主分爲五股，地主占四股，栽手占一股，又一股分爲弍小股，楊勝和三人名下占一，栽手一股，今將栽手出賣與加池寨姜士太、榮、鳳儀、昌舞五人名下承買爲業。當日憑中議定價艮五兩八分正，親手收回。自賣之後，任主子孫不得異言。倘有不清，俱在賣手理論，不與買主何干。恐後無憑，立此斷字存照爲據。

憑中 楊勝和筆

姜周義

蒲喜梅

道光廿三年七月廿六日立

# 范本顺冉楼山场断卖契[1]

立断卖山场约人岩湾范本顺。为因无艮，自愿祖遗山场二块，地名冉楼[2]，左一块上凭顶，下凭盘路，左右凭绍加之山；右一块上凭顶，下凭路，左凭绍加山，右凭领与文斗山为界。此二块分为八股，本名占一股，出卖与加池寨姜开让为业，日后不得多言。买主不清，卖主理落，不与买主何干。立卖是实。

凭中　范绍传　姜开渭

道光廿四年五月廿六日亲笔　　立

①此契系抄件。

②冉楼，其他文书也写为“冉由”等，加池苗语意为“比较大的山岭”，在加池东北往岩湾方向1.5公里处。楼、由，苗语意为“比较大”。因锦屏方言读“欲”字为由音，故也写作“冉欲”。

杉

白

立断卖山场约人岩湾寨范本顺

今因无银自愿祖遗山场二块地名

内楼左一块上凭岭下凭盘路左右凭

岭加右一块上凭岭下凭路左凭[illegible]

[illegible]绍加山右凭岭两交斗山为界此二块

分为八股本名占一股出卖与加池寨

姜凤仪为业自后不得异言买主

不清卖主理落不与买主何干立卖

是实

凭中 范绍修

姜凤渭

道光廿四年五月廿六日 亲笔 立

# 姜本洪弟兄加什塘山场杉木断卖契

立断卖山场杉木契人文斗下寨下房姜本洪、本德、老隆弟兄三人。为因要银用度,无处得出,自愿将到祖遗山场杉木乙块,地名加什唐(塘),别名翻独勇,其山场界限:上凭买主之山,下凭绍吕与本望、本清之共山为界,左凭岭与洪路为界,右凭买主之山为界,四至分明。自愿请中出卖与加池寨姜凤仪、凤舞、侄宗保三人名下承买为业。当日凭中三面议定断价银六钱六分,亲手领回恁(应)用。其山自卖之后,恁凭买主修理管业,卖主弟兄不得异言。恐有不清,俱在卖主上前理落,不关买主之事。恐口难凭,立此断卖字为据。

凭中　姜光秀

道光二十四年八月十三日本洪笔　立

外批:老契①、合同②、佃字③未拨,日后寻出俱系故纸。

①老契,指上手契。

②合同,指佃户与山主分配佃户所佃山场上林木股份的协议。

③佃字,即佃户向山主租佃山场的文书。

立斷賣山塲杉木契人文斗下寨下房姜本洪、本德、老隆弟兄
三人，為因要銀用度，無處得出，自愿將到祖遺山塲
杉木山一塊，地名加什唐，別名番翻獨勇，其山塲界限：上憑
買主之山，下憑紹昌、毎本、望本、清之共山為界，左憑山嶺毎洪
路為界，右憑買主之山為界，四至分明，自愿請中出賣與
加池寨姜鳳儀、鳳舞、佐宗、保三人名下承買為業。當日憑中
三面議定斷價銀六兩六分，親手領回應用。其山自賣之後，
任憑買主修理管業，賣主弟兄不得異言。恐有不清，俱在賣
主上前理落，不関買主之事。恐口难憑，立此斷賣字為據。

憑中　姜光秀

本洪　筆

道光二十四年八月十三日　立

外批：老契合同佃字
未交，日後尋出俱
係故紙

圖

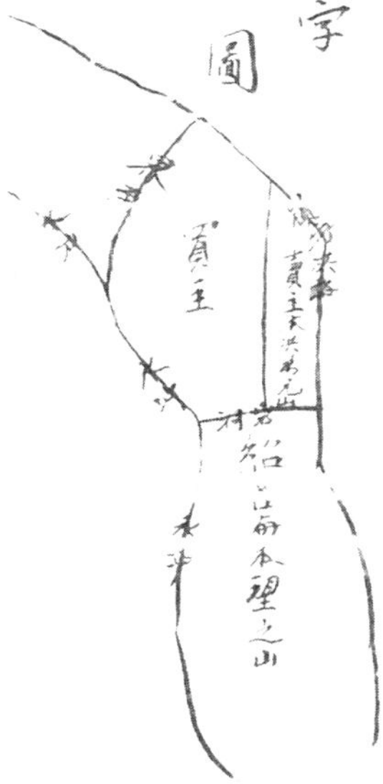

# 姜本宏弟兄翻独勇山场杉木断卖契

立断卖山场杉木字人姜本宏弟兄三人。自愿将到加什唐(塘)杉山壹块,坐落土名翻独勇,其山界限:上凭买主,下凭卖主与绍吕共山为界,左凭载渭,右凭买主,四至分明。自己登门凭中出卖与加池寨姜凤仪弟兄与侄宗保三人名下承买为业。当面议定价纹银六钱捌分,亲手领回应用。自卖之后任从买主修理管业,我卖主房族弟兄不得异言。今欲有凭,立此断卖字为据。内添四字。

外批:倘有不清,俱在卖主上前理落,不关买主之事。合同、佃字二纸未拨,一时难寻,日后寻出不得异言。

凭中　范本大<br>如珍

道光廿四年九月初八日　本德亲笔　立

立断賣山塲杉木字人姜本宏弟兄三人自願將到加什唐杉
山壹塊坐落土名翻獨勇其山界限上憑買主下憑賣主毋紹呂共山
為界左憑載渭右憑買主四至分明自己登门憑中出賣與加什寨
姜鳳儀弟兄毋龍宗保三人名下承買為業当面議定價紋銀大
錢捌分親手領回應用自賣之後任從買主修理管業我賣主
房族弟兄不得異言今欲有憑立此断賣字為據

内添四字

外批倘有不清俱在賣主上前理落
不關買主之事合同分字二紙[illegible]
一時难圖尋日後尋出不得異言

憑中 范本大 如珍

本德 親筆

道光廿四年 九月 初八 日 立

# 范本烈冉楼山场断卖契

立断卖山场约人岩湾寨范本烈。为因无银用度，自愿将到山场冉楼二块，左边乙块上凭顶，下凭盘路，左右凭绍加山为界。右边山乙块上凭顶，下凭盘路，左凭绍加山为界，右凭领（岭）与文斗山为界。此二块分为八股，本名占乙股，凭中出卖与加池寨姜开让兄名下承买为业。当日凭中议定价银八钱正，亲手收回应用。其山自卖之后，任凭买主管业，卖主不得异言。如有不清，俱在卖主理落，不干买主之事。今欲有凭，立此断卖约子孙发达存照。

内添“凭”字，改“九”字，涂乙字。

凭中　范绍传

道光二十五年九月初六日亲笔　　立

立断賣山塲約人岩鴻寨范本烈為因無銀用度自愿將到
山塲肆樓二塊左边乙塊上凴頂下凴盤路左右凴總加山為界
右边山乙塊上凴頂下凴盤路左凴總加山為界右凴領興文
斗山為界此二塊山分為八股本名占乙股凴中出賣與加
池寨
姜開讓兄名下承買為業当日凴中議定價銀八木正親手
收回應用其山自賣之後任凴買主管業賣主不得異
言如有不清俱在賣主理落不干買主之事今欲有凴立此斷
賣約子孫發達存照
内添凴字改乙字塗乙字

凴中范紹傳

道光二十五年九月初六日親筆　立

# 龙知限弟兄培丢山场断卖契

立断卖杉木栽手约人□仰寨龙知限弟兄三人、龙知明弟兄三人。为因缺少用度，无从得出，自愿将到土名培丢山杉木壹团，上凭田为界，下凭溪横过开让之山头上至岭为界，左凭买主之山，右凭岭为界。栽主、地主分为二大股，地主占乙股，栽主占乙股。将栽手乙股分为二股，知限、知谓、知太三人占乙股出卖，将知胡、知朝、知信占乙股先年早出卖乙半股与中仰杨起信。今六人出卖栽手乙股半与加池寨主家姜宗保[①]名下承买为业，凭中议定断价银六钱整，亲手收回。其杉木自卖之后，恁凭买主修理管业，卖主不得番（翻）悔之事。栽手不清，栽手理落。乙卖乙了。恐无凭，立此断字为据。

外批：内添三字。

凭中　姜开运

代笔　龙启和

道光廿七年十一月廿八日　　立卖

①姜宗保，又名姜中保，即姜恩瑞。

立斷賣杉栽手木約人仰寨龍知限弟兄二人龍知胡弟兄三人為因缺少用度無從得出自願將到土名培丢山杉木壹團上凴田為界下凴溪横過開讓之山頭上至山嶺為界左凴買主之山右凴山嶺為界栽主地主分為二大股地主占一股栽主占一股將栽手一股分為二股知限知謂知太三人占一股出賣將知胡知朝知信占一股先年早出賣一半股與中仰楊起信今六人出賣栽手一股半與加池寨主家姜宗保名下承買為業凴中議定斷價銀六錢整親手收回其杉木自賣之后悉凴買主修理管業賣主不得番悔之事栽手不清栽手理落今賣一了恐無凴立此斷字為據

外批内添三字

凴中 姜開運

代筆 龍啟和

道光廿七年 十一月 廿八日 立賣

笙

# 姜生兰乌榜杉木栽手断卖契

立断卖栽手约人本寨姜生兰。为因家下缺少艮用，无处得出，自愿将到先年得栽文斗寨朱双贵之土地名乌榜①，界限：上凭领与世道地垦②为界，下凭冲与世荣之田为界，左凭世道之山，右凭光委种地之山为界。此山地主、栽手分为二大股，地主占乙大股，栽手占乙大股，将栽手乙大股分为二小股，文连占乙股，生兰占乙股。今将生兰乙股出卖与姜凤仪、成连、任中保名下承买为业。凭中议定价文艮五钱整，亲手收回应用。自卖之后，恁从买主下山修理管业，卖主不异言。倘有不清，拘（俱）在卖主理落，不关买主之事。恐后无凭，立此断约存照。

凭中　姜光秀

代笔　姜世安

道光二十八年七月二十一　　立

①乌榜，苗语译音，意为水激射而下。乌榜溪在加池与文斗两村交界处，20世纪70年代加池人在溪头修有一个蓄水塘。

②世道地垦，指与世道山分隔的地埂。

立断賣栽手約人本寨姜生蘭為因家下缺
少艮用無從得出自愿將到文斗寨先年得栽
朱双貴之土地名烏榜界限上憑頂岥世道地星
為界下憑冲岥世榮之田為界左憑世道之山右憑
光委種地之山為界此山地主栽手分為二大股地主
占山大股栽手占山大股將栽手山大股分為二小股文連占
山股生蘭占山股今將生蘭山股出賣與姜鳳儀成
連侄中保名下承買為業憑中議定價文艮五分
恐親手收回應用自賣之后恁從買主下山修理管
業賣主不異言倘有不清怕在賣主理落不關買主
之事恐后無憑立此断約存照

憑中姜光秀
代筆姜世安

道光二十八年七月二十一　立

# 姜丙生从故宠杉木断卖契

立断卖杉木约人本房姜丙生。为因家下缺少银用，无处得出，自愿将到先年得佃买主之土杉木乙块，地名从故宠。界限：上凭开让与本家所争之土、以砌岩为界，下凭世太之山为界，半冲、以割额为界，左凭小岩洞为界，右凭开文、凤仪共山为界，四至分明。此山栽手、地主分为伍股，地主占叁股，栽手占二股。栽手二股出卖。又地名乙块刚套凹讲[1]边，界限：上凭岭至凹讲为界，下凭开让、凤仪共山垦为界，右凭丙生、世培之山为界，左凭从套冲头开让、凤仪共山垦凹为界，四至分明。地主、栽手分为伍股，本家与开详（祥）占地主叁股，丙生占栽手二股。今将二处栽手出卖与姜宗保名下承买为业。凭中议定价银壹两整，亲手收回应用。其木自卖之后，恁凭买主修理管业，卖主不得异言。倘有不清，居在卖主理落，不关买主之事。恐后无凭，立此断约为据。

外批：二处无佃字[2]。

凭中　姜凤仪

代笔　姜开仕

道光二十八年七月廿七日　　立

姜静此契提作争山上之证明[3]。

①刚套凹讲，意为刚套山凹的上边颈部。

②二处无佃字，意为此二处林木系卖主姜丙生自己所栽，无佃户之栽股。

③此行字应系最近三十年所批。

立断賣杉木約人本房姜兩生為因家下缺少銀用
情出自愿將到先年得佃買主之□土杉木山塊地名從[illegible]
上憑開讓與本家所爭之土以砌岩為界下憑世太之山為界半沖以[illegible]
為界左憑小岩洞為界右憑開之入鳳儀共山為界四至分明此山栽手[illegible]
分為伍股地主占叁股栽手占二股栽手出賣二股地名山塊冉剛岺凹講逆
界限上憑嶺至凹講為界下憑開讓鳳儀共山是為界右憑兩生世培之山為
界左憑從岺冲頭開讓鳳儀共山是凹為界四至分明地主栽手分為伍股
本家與開詳占地主叁股兩生占栽手二股今將二處栽手出賣與
姜宗保名下承買為業憑中議定價銀壹兩[illegible]親手收回應用其木自賣之
后任憑買主修理管業賣主不得異言倘有不清居在賣主理落不關
買主之事恐後無憑立此斷約為據

憑中 姜鳳儀
代筆 姜開仕

外批二處無佃字

道光二十八年七月廿七日 立

此契權作[illegible]

# 姜凌云皆怀溪山场杉木断卖契

立断卖山场杉木约人文斗寨姜凌云。为因要艮用度，自愿将到山场乙块，地名皆怀溪，界至：上凭田，下凭大路，左凭田角以小冲至大冲为界，右凭朝岐之山为界，四至分明。此山地主分为四股，本名占壹股，出卖加池寨姜凤仪名下为业，议定价银四钱二分，入手收足应用。自卖之后，恁从买主管业，卖主不得异言。倘有不清，俱在卖主理落，不干买主之事。今恐无凭，立此卖字为据。

凭中　加池姜开吉
　　　瑶光姜学富

道光廿八年九月廿七日亲笔　　立

道光廿八年得买文斗姜凌云之山场，今要艮用度，今复卖与姜宗保名下远永管业，照价。日后不得异言。立此复买字为据。廿九年四月廿九日卖是实。姜凤仪亲笔立。[①]

①此段文字系后人所批。

立断賣山場杉木約人文斗寨姜凌雲為因要艮用度自愿將到山場乙塊地名皆懷溪界至上凭田下凭大路左凭田角以小冲至大冲為界右凭朝岐之山為界四至分明此山地系分為四股本名占壹股出賣與加池寨姜鳳儀名下為業議定價艮四錢二分入手收足应用自賣之後任從買主管業賣主不得異言倘有不清俱在賣主理落不干買主之事今恐無憑立此賣字為據

凭中　加池姜開吉
　　　瑤光姜学富

道光廿八年得買文斗姜凌雲之山場今要艮用度今復賣與姜宗保名下遠永管業照價日後不得異言立此復買字為據廿九四月廿九日賣是實
姜鳳儀親筆立

道光廿八年九月廿七日親筆　立

# 杨光忍弟兄皆乜培丢杉木栽手断卖契

立断卖栽手杉木约人中仰寨杨光忍弟兄三人。为因要艮用度，无处所出，自愿将到先年得栽买主之土，地名皆乜培丢[1]，上凭一中之田，下凭溪，左凭买主之土木，右凭岭与自家之木为界，四至分明。此地主、栽手分为二大股，地主占乙大股，栽手占乙大股。将栽手乙股分为四小股，光忍得买龙姓之乙小股出卖与加池寨姜凤仪名下承买为业。当日凭中议定价银二钱六分，入手收足。自卖之后，恁从买（主）修理管业，卖主不得议言。恐后无（凭），此断卖字约为据。

凭中　中仰龙之胡

代笔　姜开吉

限

外批：栽手四股，宗保得龙之渭之三小股。

胡

道光二十八年九月廿八日　　立

杨光忍二十八年买（卖）与大伯凤仪，今凤仪因粮食不夫（敷），二十九年又复卖与宗保名下承买为业。日后宗佑不得异言。大伯亲笔批是实。抄去。[2]

①皆乜培丢，其他文书也写作“皆里培丢”，苗语译音，意为傻子坡田坎脚，在加池寨西南2公里处。

②指宗保将此契抄去作备忘。按理，宗保买下皆乜培丢山场之后，凤仪应将此契转交与宗保，但凤仪要求留下此契，故宗保便将之抄去。

立斷賣栽手杉木約人中仰寨揚光忠
弟兄三人為因要銀用度無處所出
自愿將到先年得栽買主之土地名皆
培岳上憑一中之田下憑溪左憑買主
之土右憑嶺每自家之土木為界四至分
明此地主栽手分為五大股地主占三大股
栽手占二大股將栽手二股分為四小股
光忍得買龍姓之一小股出賣與加溜寨
姜鳳儀名下承買為業當日憑中議
定價銀二錢六分入手收足自賣之后
任從買修理管業賣主不得異言恐
后無憑立此斷賣字為據

憑中 中仰 龍之胡
代筆 姜開吉

道光二十八年九月廿八日 立

揚光忍□□年賣與大伯□□□鳳儀因粮食不清
廿九年又□□賣與保名下保買□□□□日後□□為
言大伯親筆批是實

# 姜兰生父子党勒拱菜园断卖契

立断卖蔡（菜）园地字人本寨姜生兰、子乙酉父子。因先年卖党阳泽地基左边界限不清，先年卖到坟山以来，蒙中解劝，率[1]退凭六房足墙为界，上、下、右界限照老契。观（现）今无处得出，自愿将到党勒拱[2]蔡（菜）园地乙副，界限：上凭路，下凭福使唐（塘）埂，左凭大路，右凭六房之园地为界。一副（幅）分为二接（截），今将下接（截）出卖与姜凤仪、成林、宗保名下承买为业，凭中议定补清。买主开坎管业，卖主不得异言。今恐无凭，立此断约远永存照。

外批：杉木乙耕（根）在外。内图（涂）二字、添三字。

凭中　姜元方

代笔　姜世安

道光二十八年十一月二十一日　　立

①率，应为"卒"字。

②党勒拱，苗语译音，意为猴子坡，在党样寨附近。

立断卖蔡园地字人本寨姜生兰、阑子乙酉父子，因先年卖

觉阳泽地基左边界限不清，先年卖到坟山以来，当众中解劝

率退凭六房廷墙为界，上下四右界限照老契。观今无处得

出，自愿将到觉勒拱蔡园地乙副，界限上凭路，下凭福使营

埂，左凭大路，右凭六房之园地为界，一副分为二股，今将下接出

卖与姜广仪、成林、宗保名下承买为业，凭中议定补清，

买主开坎管业，卖主不得异言。今恐无（毋）凭，立此断约

远永存照。

外批：杉木乙耕在外。

内涂二字，添三字。

凭中 姜元方

代笔 姜世安

道光二十八年十一月二十一日

一立

# 王老三父子党养杉木栽手断卖契

立断卖栽手杉木约人本寨王老三父子。为因家下缺少银用,无处所出,自愿将到先年得写主家之山[①]乙块,地名党养田坎下。分为五股,土主占三股,栽手占二股。今栽手二股出卖。界至:上凭五乔之木,下凭光秀众人之山至冲为界,左凭弟乔、卧有之山为界,右凭卖主所栽本房众人之山为界。又将乙块,地名刚套冉坟宠本家与世道共之土,界限:上凭世学之山,下凭盘路与开义众人之山,左凭开义众人之山,右凭买主之山为界,其山分为五股,地主占三股,栽手占二股。将栽手二股出卖与主家。今二处出卖与主家姜凤仪、凤舞、中保叔侄名下承买为业。当日议定价纹银二钱二分半,亲手收足应用。其木至(自)卖之后,恁凭买主修理落业,卖主不得异言。恐口南(难)凭,立此断卖栽手杉木为据。

道光廿九年正月十九日子王学道亲笔　　立

此党养之形向一副,冉坎宠之形向三各(角)之地。

①得写主家之山,即"得佃主家之山"。

買

立斷賣栽手杉木約人本寨王老三父子為因家下缺少銀
用無處所出自原將到先年得買主家之山乙塊地名亞見播
四坎下分為五股地主占三股栽手占二股今栽手二股出賣界止至上
憑五喬之木下憑光喬衆人之山至冲為界左憑弟喬卧有之山為界
右憑賣主所栽本房衆人之山為界又將乙塊地名剛套冉坎寵本家與世
道共之地界至上憑世孝之山下憑盤路與開義之山左憑開義衆
人之山右憑賣買主之山為界其山[illegible]為五股[illegible]地主占三股栽手占
二股將栽手二股出賣與主家[illegible]今二處出賣與主家姜鳳儀屬
舞中保叔侄名下承買為業當日議定價紋銀二兩二分青親[illegible]
收足應用其木至賣之后任心憑買主修理落蓄賣主不得
異言恐口無憑立此斷賣栽手杉木為據

道光廿九年正月十九日 子[illegible]王學道親筆立

此光并之形向一副冉坎寵之形向二各之一

# 往里杉木栽手断卖契

立断卖栽手杉约人都匀丹江厅[①]往理。今因佃到姜开文兄弟、老八、成林、忠保等之山栽杉种粟。此山栽手、地主分为五股，地主占三股，栽手占贰股。今将栽手贰股出卖与姜忠保名下承买为业。当日凭中议定价艮贰钱七分整，亲手收。自卖之后，凭买主管业，卖主不得异言。恐后无凭，立卖栽杉木为据。

凭中　姜老八

代笔　姜开文

道光二十九年三月十八日　　立

①丹江厅，系清雍正年间在清水江中上游地区设置的六厅（清江、台拱、八寨、丹江、都江、古州）之一，在今贵州省黔东南苗族侗族自治州雷山县，时属都匀府。

立斷賣栽手杉約人都匀丹江聽往理今因佃到姜向文兄弟
老八成林忠保䒤之山栽杉種粟此山栽手地主分為五股地主占三股
栽手占貳股今將栽手貳股出賣與
姜忠保名下承賣為業當日憑中議定價艮弍不七分悉親手收
自賣之后憑買主修理管業賣主不得異言恐后無憑立賣栽
杉木為據

憑中姜老八
代筆姜向文

道光二十九年　三月十八日　立

# 姜开福皆路旧杉木断卖契

立断卖地主栽手杉木约人本寨姜开福。为因缺少粮食，自愿将到地名皆路旧[1]杉木乙块。其有界限：上凭世道山为界，下凭河，左凭卧有，右凭开祥之山为界，四至分明。今将凭中出卖与姜宗保名下承买为业。当（日）凭中议定价银六钱整，亲手收回。日后不得异言。如有来路不明，俱在卖主上前理落，不关买主之事。今恐无凭，立此卖字为据。

凭中　姜开义

代笔　姜明经

道光廿九年六月初五日　　立

①皆路旧，即皆路觉。

立斷賣地主栽手杉木文約人本
寨姜開福，為因缺少粮食，無自
處，將到地名皆㙮旧杉木一塊，
其有界限：上憑世道，以岭為界；
下憑河，左憑斷，右憑冲，降之
山為界，四至分明。今將凭中
出賣與姜宗保名下承
買為業，當憑中議定價銀
六錢，親手收回，日後不得異
言。如有來路不明，俱在賣主
上前理落，不関買主之事。今
恐無憑，立此賣字為據。

憑中　姜保義
代筆　姜安明

道光廿九年六月初五日　立

# 姜开相叔侄坡九山土杉木断卖约

仕

立断卖并土杉木约人本寨姜开相、侄贵祥。为因缺少粮食，无处所出，自

庆

愿将到地名坡九[1]，此山地主占三股，栽手占二股。将地主三股分为二股，买主占乙股，开相弟兄占乙股。今将弟兄乙股出卖与姜忠保名下。当日议定价银八分整，亲手收回应用。其山场并土杉木自卖之后，恁凭买主上山修理管业，卖主不得异言。今恐无凭，立此断卖并土约存照。

凭中　姜凤仪

道光二十九年六月初五日开相笔　　立

①坡九，即之前文书中的"培丢"、"培鸠"，"坡"字系"皮"字之误。因加池人旧时读"皮"为"培"音，故有此误。

立斷賣並土杉木約人本寨姜開相仕
侄貴祥爲因缺少粮食無処所慶
出自愿將地名坡九此山地主占三股
栽手占二股將地主三股分爲二股買主
占一股開相弟兄占一股今將弟兄一股
出賣與 姜忠保名下當日議定價
銀八分悉親手收回應用其山場並
土杉木自賣之后憑買主上山修理
管業賣不得異言今恐無憑立此
斷賣並土約存照

憑中 姜廷儀

道光二十九年六月初五日開相筆立

# 姜生春弟兄皆理井魁山场杉木断卖契

立断卖山场杉木约人本房姜生/发春。为因家下缺少粮食，无处所出，自愿将到山场杉木乙块，坐落地名皆理井魁①。其山界限：上凭开让之田为界，下凭岩洞为界，左凭冲为界，右凭放洪木②为界，四至分明。此山栽手、地主分为八大股，生春弟兄占乙股。今将乙股出卖与姜宗保名下承买为业。当日凭中三面议定价银柒钱整，亲手收回应用。自卖之后，恁凭买主上山修理管业，卖主不得异言。倘有房族外人争论，居（俱）在卖主上前理落，不干买主之事。恐后无凭，立此断卖山场杉木为据。

外批：此山分为八股，八股又分为十六股，生/发春占一小股，约内多卖一小股。求一小股之艮宗保让，其有土后将纳处培③。

凭中　姜开书

代笔　姜开仕

道光贰拾玖年陆月十伍日　　立

①皆里井魁，苗语译音，意为田坎脚两岔冲，在加池往岩湾方向一里许。

②放洪木，即放木洪道。

③"求一小股之艮宗保让，其有土后将纳处培"，此句的表达带有苗语形式，可译成"求宗保让一股之艮，其后有土用以补赔"。

立断賣山場杉木約人本房姜發生春為因家下缺少粮食無處所出自愿將到山場杉木乙塊坐落地名皆理井斛其山界限上憑閙讓之田為界下憑岩洞為界左憑冲為界右憑放洪木為界四至分明此山栽手地主分為八大股生春弟兄占乙股今將乙股出賣與

姜宗保名下承買為業當日憑中三面議定價艮柒錢整親手收回應用自賣之後恁憑買主上山修理管業賣主不得異言倘有房族外人爭論居在賣主上前理落不干買主之事恐后無憑立此斷賣山場杉木為據

外批此山分為八股八股又分為十六股發生春占一小股約內多賣一小股求一小股之艮宗保讓其有土後將納處培

憑中姜開書

代筆姜開仕

道光弍拾玖年陸月十伍日　立

# 姜沛云党秧等山场杉木栽手断卖契

立断卖□□□□□□□本房姜沛云。为因要艮用度,无处得出,自愿将到山场二块,一块地名党秧,小地名培行则。此山栽手、地主分为十八股,栽手占六股,地主占十二股,本名占土木乙股,栽手在外。此山界限:上凭大路与买主之山为界,下凭大河即在系顽乌①,左凭冲与世太之木与买主之木为界,右凭文斗之土世太栽手为界,四至分明。又乙块地名番姑顺②,其山场分为十二股,本名占栽手、地主乙股乙块,栽手在内。界限:上凭世太,下凭买主之山,左凭岭,右凭冲为界,四至分明。凭(中)出卖与本房姜中保名下承买为业。当日凭中议定价银贰两乙钱整,亲手收回应用。其木自卖之后,恁凭买主管业,卖主不得异言。恐不清,居(俱)在卖主理落,不关买主之事。恐后无凭,立此断卖字为据。

凭中　姜光秀、凤仪③

道光贰十九年十一月初二日　亲笔立

①系顽乌,水塘,这里指清水江河塘。

②番姑顺,又写作"番个顺"或"翻贵顺"。

③"凤仪"作中人系写完契约之后补加上去的。

立断賣山

本房姜沛雲為因要艮用度無處得出，自愿將到山場二塊，一塊地名党秧，小地名培衍，則此山栽手地主分為十八股，栽手占六股，地主占十二股，本名占土木乙股，栽手在外。此山界限上憑大路與買主之山為界，下憑大河，即在係頓鳥，左憑冲與世太之木与買主之沐為界，右憑文斗之、世太之栽手為界，四至分明。又乙塊地名番姑順，其山場分為十二股，本名占栽手地主乙股，乙塊栽手在內，界限上憑世太，下憑買主之山，左憑山頭，右憑冲為界，四至分明。憑中出賣與本房姜中保名下承買為業，當日憑中議定價艮弍兩乙分，親手收回應用。其木自賣之后，任憑買主修理管業，賣主不得異言。恐不清，居在賣主理落，不關買主之事。恐後無憑，立此断賣字為據。

憑中 姜光秀 鳳儀

道光弍十九年十一月初二日 親筆立

## 姜世元叔侄断卖松檀树契

立断卖松树与黄檀字人本寨姜世元、侄益兆/宗叔侄。为因要银用度，亲自将到地名里皆料[1]田坎上枞木[2]乙根，又冉蜡田坎下黄檀木乙根，二处之木凭中出卖与姜宗保名下承买为业。当面议价纹银乙钱一分，亲手领回应用。其木自卖之后，恁从买主蓄禁，卖主不得异言。恐后无凭，立此断卖字约存照。

凭中　姜凤仪/兆齐

世元亲笔

道光三十年五月初九日　　立

①里皆料，苗语意为大路下边的田。

②枞木，锦屏地区对松木的别称。

立斷賣種樹每黃檀字人本寨姜世元侄姜宗兆叔姪爲因要銀用度親自將剐地名里皆料田坎上縱木一根又丹蜡田坎下黃檀木山根二處之木憑中出賣與姜宗保名下承買爲業當面議價紋銀山大一分親手領回應用其木自賣之後任憑買主蓄禁賣主不得異言恐後無憑立此斷賣字約存照

憑中姜鳳儀 姜兆齊

世元親筆

道光三十年五月初九日　立

# 姜兆彪党养等山场杉木卖约

立卖山场杉木约人本房姜兆彪。为因家中缺少良用,无处得出,亲自将到杉木乙块,坐落地名党养。此山上凭姜义礼之田,下凭溪,左凭凤仪之山,右凭世太之山为界。又皆容梭①乙处,其山上凭福宗与世道、茂春之山,下凭岩洞,左凭六寿之山,右凭冲为界,四至分明。今凭中出卖与姜世明叔爷名下承买为业。当面凭中议定断价纹银九钱四分,亲自领回应用。其杉木自卖之后,恁凭买主上山修理管业,卖主弟兄不得异言。此山之地主栽手党样乙处分为四大股,兆彪名下占乙大股。又皆容梭分为六大股,兆彪名下占地主乙股,共贰处出卖。今恐无凭,立此断杉木字约为据。

道光三十年六月初乙日　笔中姜世元　　立

①皆容梭,苗语意为上青苔的大石坎下边,在加池往岩湾方向约 1.5 公里处。

立賣山塲杉木約人本房姜兆虎為因家中缺少艮用無處得出親
自將到杉木乙塊坐落地名党養𡻕山上凴姜義礼、西下凴溪左凴鳳
儀之山右凴世太之山為界又增容梭乙處其山上凴福宗、世道茂春之山下凴岩
洞左凴六寿之山右凴冲為界四至分明今凴中出賣與
姜世明叔爷名下承買為業當面凴中議定断價紋銀九錢四分親
自領回應用其杉木自賣之後任憑買主上山修理管業賣主弟兄
不得異言此山之地主栽手党養𡻕、栽分為四大股兆虎名下占乙大股又增容
梭分為六大股兆虎名下占地主乙股共銀處出賣今恐無凴立此断
杉木字約為據

道光三十年六月初乙日　筆中姜世元

立

## 姜耕寿弟兄冉抵山场杉木断卖契

立断卖山场杉木约人本寨姜耕寿、根卯弟兄。为因家中要银用度，无处得出，亲自将到祖父之遗业地名冉抵（计）上下两截之山，上凭文堵之山为界，下凭大溪，左凭之毫与福喜之山，右凭文堵十六股买主得买姜国英乙股之山为界。此山分土股十贰股均分，买主先年占六股，今又得买耕寿名下二人占乙股。又党东山场杉木乙块，上凭大路，下凭水沟，左凭大路与世洪之山为界，右凭世招之山。此山分为八股，耕寿弟兄占乙股，买主先年得买四股，共得买五股。又刚套山场杉木乙块，上凭世明之杉木，下凭之毫之山与路，左右岭冲凭之毫为界。此山是六房之共山，土股分为四十八股，耕寿两弟兄占乙股出卖。又乙团地名党养六房之共山四十八股，土栽分为五股，地主占三股，栽手占贰股。将栽手贰股分为三股，耕寿两弟兄占乙股。共四处，出卖姜宗保佑二人平买为业。凭中议定断价纹银乙两六钱八分，亲手领回应用。其山场杉木自卖之后，恁凭买主上山修理管业，卖主弟兄不得异言。倘有不清，俱在卖主上前理落，不关买主之事。恐后无凭，立此断卖山场杉子孙远永存照。

外批：下截冉抵之栽手贰股又分为三股，耕寿两弟兄占乙股。又党东栽手二股分为四股，耕寿弟兄占乙股，土栽出卖。

凭中代笔　姜世元

道光三拾年十一月初五日　　立

立断賣山塲杉木約人本寨姜耕寿狼邪弟兄為因家中要銀用度無處得出親自將到
祖父之遺業地名冉抵上下兩截之山上凴文堵之山為界下凴大溪左凴之亳岳福喜之山
右凴文堵十六股買主得買姜國英一股之山為界此山分十二股十弍股均分買主先年占十六股今又
得買耕寿名下二人占一股又党東山塲杉木一塊上凴大路下凴水溝左凴大路與世漢之山為界
右凴世招之山此山分為八股耕寿弟兄占一股買主先年得買四股共得買五股又剛袞山
塲杉木一塊上凴世明之杉木下凴之亳之山與路左右嶺冲凴之亳為界此山是六房
之共山十二股分為四十八股耕寿兩弟兄占一股出賣又一團地名党養六房之共山土栽分
為五股地主占三股栽手占弍股將栽手弍股分為三股耕寿兩弟兄占一股共四處出賣
姜宗佑保二人平買為業凴中議定斷價紋銀一兩六錢八分親手領回應用其山
塲杉木自賣之後任凴買主上山修理管業賣主弟兄不得異言倘有不清俱在賣
主上前理落不関買主之事恐后無凴立此断賣山塲杉子孫遠永存照
外批下截冉抵之栽手弍股又為三股耕寿兩弟兄占一股又党東栽手二股分為四股耕寿弟兄占一股土栽出
賣

凴中代筆姜世元

道光三拾年十一月初五日　立

# 附录

加池村所在位置示意图

# 加池姜甫元后裔世序瓜藤表

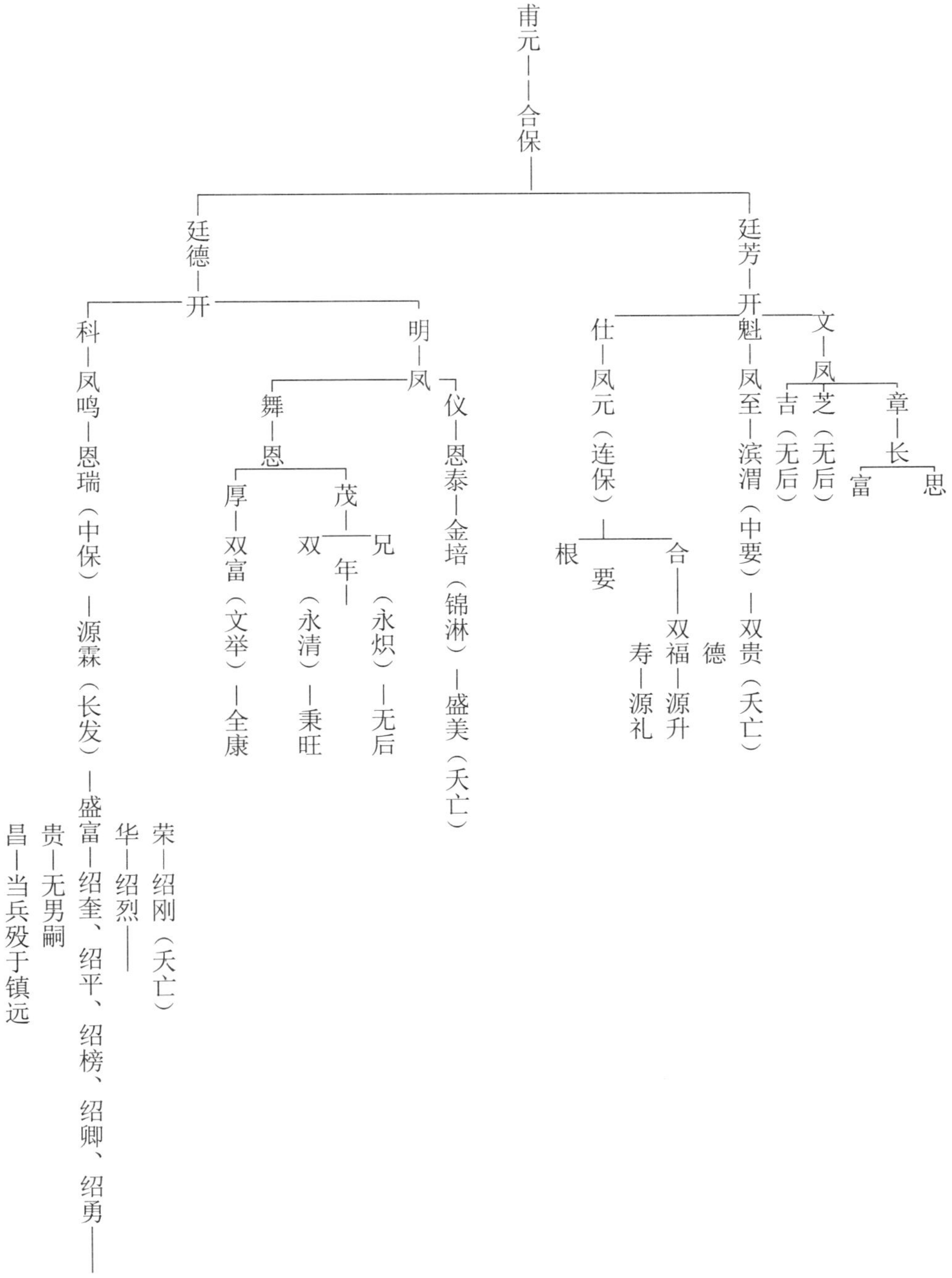

# 加池四合院家族世序简谱

- 甫元
  - 合保
    - 廷德 1767~1822，配杨氏
      - 开科 1800~1822，又名老堂，于清水江散排身亡。配韶霭龙氏
        - 凤鸣 1822~1844，又名三寄，配格翁范氏
          - 恩瑞 1843~1916，配格翁范氏
            - 源淋 1877~1946，配格翁范氏
            - 四姣 1875 年生，嫁康中姜家
            - 吾姣 1868 年生，嫁瑶光姜家
            - 佑姣 1864 年生，还嫁格翁范家
            - 生姣 1861 年生，还嫁格翁范家
      - 开明 1795~1857，又名老元，配韶霭龙氏（情况不表）
      - 长女 不详
      - 次女妙胆，情况不详
    - 廷芳（不表）
  - 文海（无后）

---

- 梅春 嫁张化范家现有传人
- 金春 嫁卦治米家现有传人
- 妹春 嫁文斗朱家已无传人
- 盛昌 在镇远师管区学兵大队服役身亡，未成家
- 盛贵 当兵客亡于四川配中林大官舟杨氏生一女嫁八受吴家
- 盛富 配培亮范氏生五子三女
- 盛华 配南路马氏
  - 绍烈 配文斗龙氏
- 盛荣 配裕河宋氏，生绍宾等五子，均夭亡
  - 绍平 配韶霭王氏

---

- 女 不详
- 女 不详
- 女 不详
- 绍勇 配韶霭王氏
- 绍卿 配中仰陆氏
- 绍榜 配培亮范氏
- 绍平 过继盛荣
- 绍奎 原配九佑潘氏 现配培亮范氏

# 后　记

2001～2004年，我负责锦屏县与中山大学合作的锦屏民间契约文书（2005年被称为“锦屏文书”）征集整理工作。2001年，我在向加池四合院姜绍烈老先生征集其家藏的契约等文书时，许诺将其所有的文书全部编成点校本，以便酷爱读书的姜老先生阅读。为兑现诺言，随后我用了一年多的业余时间，从陆续整理出来的四合院家族文书10卷文书原件中，选出612份输入电脑，并作了标点，向姜绍烈老先生“交卷”。

2011年，“锦屏文书”被以“清水江文书”之名称申报获得国家社科基金重大招标项目（批准号：11&ZD096），此项目分别由贵州大学、凯里学院、中山大学三家机构承担。我参与了凯里学院（徐晓光主持）和中山大学（张应强主持）的“国家社科基金重大招标项目清水江文书整理与研究”课题组，并承担凯里学院课题组安排的子课题“清水江文书中典型契约文书点校整理”。我于是以原所选编点校的《加池四合院山林契约选辑》为基础，增扩内容，并对文书中的苗侗语地名、人名和特殊历史人物、事件等作注释，编成《加池四合院文书考释》作为所承担子课题中的两部典型契约文书之一，2013年底完成课题规定任务。2014年，在贵州省民族古籍基金的支持下，我对《加池四合院文书考释》又作了进一步的修改和完善。2015年，《加池四合院文书考释》被贵州民族出版社列入“清水江文书整理与研究丛书”，作为其中一种公开出版，并获2015年贵州省出版传媒事业发展专项基金资助。

《加池四合院文书考释》计收录加池四合院姜绍烈家族所藏文书954份。除根据原件抄录的612份以外，余下的342份系从我与中山大学张应强合作主编的《清水江文书》第一辑第1、第2、第3册中转录。四合院文书总共有1218份，余下的264份中，有91份因无实际意义而未予收录；另有173份因

2002～2003 年未能及时整理不便抄录，2004 年后因锦屏县与中山大学合作被迫中止，《清水江文书》中亦未能收录，又因受制于苛严的管理制度，我无法再到收藏部门补充抄录，故未能收录入《加池四合院文书考释》中。

根据四合院文书内容的不同，《加池四合院文书考释》共分为四卷。第一、第二卷为山林土地权属转移类文书，计收录文书 441 份，其中第一卷收录 195 份，第二卷收录 246 份；第三卷为佃山造林类文书，计收录佃山造林和林业收益分配类文书 189 份；第四卷为杂类文书，计收录文书 324 份，其中农田、耕地、房屋地基类文书 150 份，借贷类文书 43 份，清白类文书 28 份，诉讼类文书 78 份（其中包括四合院家族内部产生的 15 份和由四合院收藏的清道光时格翁、塘东、韶霭三村民众状告河口巨富姚百万的讼词集《益我斯文》以及由格翁村收藏的另一本格翁等三村民众状告姚百万的讼词汇编 63 份），其他文书（含课单、账单、信函等）25 份。

我收集加池四合院文书，得到了姜绍烈、姜绍卿兄弟的大力支持。而在编著《加池四合院文书考释》的过程中，同样也得到姜绍烈老先生的帮助，特别是在姜绍烈老先生耳聪之时（2013 年前），我与他作过多次访谈，就其家族契约等文书中所涉及的山场田土地名、位置以及与之相关的人物和史事，向他作详细的了解。对姜绍烈老先生的支持和帮助，我将终生难忘！同时也希望凡是读过和利用过《加池四合院文书考释》的朋友，也记住这位本身未读过几年书，却对搞学问的人很支持的老人。另外，我在编著《加池四合院文书考释》时还得到了加池的姜绍明、姜绍怀和文斗村的易遵华、韶霭村的龙家亮、格翁村范培权等人的帮助，在此表示感谢！

2014 年秋，我有幸到安徽大学徽学研究中心拜访该中心主任、著名学者卞利教授，记得在向他请益中，他说过一句话："对文书的考释是一件很难做好的事情。"的确，我在完成《加池四合院文书考释》编著中就碰到过很多的困难。其中最难的是苗族、侗族语言的理解和翻译问题。我是侗族，而加池等清水江一带大多是苗族，虽说之前也学过一些简单的苗语，但对于几百年前产生、未受过任何汉语影响的纯正苗语来说简直是滴水之于沙漠。再加上时间环境的改变，以致清代甚至民国时期用苗语记录的地名、人名，大多至今已无人知道，或者是没人能准确翻译或解释。还有，就是苗语、侗语的声调与汉语大不一样，用汉字记录苗音、侗音有很大的局限，而我自己又不懂国际音标，锦屏本地又找不到懂得国际音标的人来帮助。虽然有这诸多的困难，但我自认为自己长期做清水江地方历史文化工作，掌握了一些历史人文资料，还是想斗胆尝试。于是，在穷尽自己所掌握的地方历史人文知识后，对自己仍不懂的古地名、人名逐一标识，多次上加池以及周边的文斗、岩湾、韶霭等村寨核对印证，同时经常向身边的苗族朋友请教。

《加池四合院文书考释》是抛砖引玉之作，其中缺点和错误在所难免，望专家学者批评指正。

王宗勋

2015年8月1日于锦屏望江新城